쓰기가 문해력 이다

7단계

중학 1 ~ 2학년 권장

자신의 생각을 글로 표현하지 못하는 우리 아이?
평생을 살아가는 힘, '문해력'을 키워 주세요!

'쓰기가 문해력이다'

쓰기 학습으로 문해력 키우기

1 / 읽고 말한 내용을 글로 표현하는 쓰기 학습이 가능합니다.

단순히 많은 글을 읽고 문제를 푸는 것만으로는 쓰기 능력이 늘지 않습니다.
머릿속에 있는 어휘 능력, 독해 능력을 활용하여 내 생각을 글로 표현할 수 있도록
'생각 모으기 → 생각 정리하기 → 글로 써 보기'로 구성하였습니다.

2 / 대상 학년에 맞게 수준에 맞춰 단계별로 구성하였습니다.

학년별 수준에 따라 체계적인 글쓰기 학습이 가능하도록 저학년 대상 낱말 쓰기 단계부터 고학년 대상 한 편의 글쓰기 단계까지
수준별 글쓰기에 맞춰 '낱말 → 어구 → 문장 → 문단 → 글'의 단계별로 구성하였습니다.

3 / 단계별 5회×4주 학습으로 부담 없이 다양한 글쓰기 훈련이 가능합니다.

1주 5회의 학습 분량으로 글쓰기에 대한 부담 없이 학습할 수 있도록 커리큘럼을 세분화해서 회별 집중 글쓰기
학습이 되도록 구성하였습니다.
글 쓰는 방법을 자연스럽게 익힐 수 있도록 '어떻게 쓸까요'에서 따라 쓰면서 배운 내용을 '이렇게 써 봐요'에서
직접 써 보면서 글쓰기 방법을 익히도록 구성하였습니다.

4 / 글의 종류에 따른 구성 요소를 한눈에 알아보도록 디자인화해서 체계적인 글쓰기 학습이 가능합니다.

글의 종류에 따라 글의 구조에 맞게 디자인 구성을 달리하여 시각적으로도 글의 구성을 한눈에 파악할 수 있도록
하여 글쓰기를 쉽고 재미있게 학습하도록 구성하였습니다.

5 / 상황에 맞는 어휘 활용으로 글쓰기 능력을 향상시킬 수 있습니다.

글쓰기에 필요한 기본 어휘 활용 능력을 향상시킬 수 있도록 부록 구성을 하였습니다.
단계별로 낱말카드, 반대말, 틀리기 쉬운 말, 순우리말, 동음이의어, 속담. 관용표현, 사자성어 등을 상황 설명과
함께 삽화로 구성하여 글쓰기 능력의 깊이와 넓이를 동시에 키워 줍니다.

EBS 〈당신의 문해력〉 교재 시리즈는 약속합니다.

교과서를 잘 읽고 더 나아가 많은 책과 온갖 글을 읽는 능력을 갖출 수 있도록
문해력을 이루는 핵심 분야별, 학습 단계별 교재를 준비하였습니다.
한 권 5회×4주 학습으로 아이의 공부하는 힘, 평생을 살아가는 힘을 EBS와 함께 키울 수 있습니다.

어휘가 문해력이다

어휘 실력이 교과서를 읽고 이해할 수 있는지를 결정하는 척도입니다.
〈어휘가 문해력이다〉는 교과서 진도를 나가기 전에 꼭 예습해야 하는 교재입니다.
20일이면 한 학기 교과서 필수 어휘를 완성할 수 있습니다.
교과서 수록 필수 어휘들을 교과서 진도에 맞춰
날짜별, 과목별로 공부하세요.

쓰기가 문해력이다

쓰기는 자기 생각을 표현하는 미래 역량입니다.
서술형, 논술형 평가의 비중은 점점 커지고 있습니다.
객관식과 단답형만으로는 아이들의 생각과 미래를 살펴볼 수 없기 때문입니다.
막막한 쓰기 공부. 이제 단어와 문장부터 하나씩 써 보며 차근차근 학습하는
〈쓰기가 문해력이다〉와 함께 쓰기 지구력을 키워 보세요.

ERI 독해가 문해력이다

독해를 잘하려면 체계적이고 객관적인 단계별 공부가 필수입니다.
기계적으로 읽고 문제만 푸는 독해 학습은 체격만 키우고 체력은 미달인 아이를 만듭니다.
〈ERI 독해가 문해력이다〉는 특허받은 독해 지수 산출 프로그램을 적용하여 글의 난이도를
체계화하였습니다.
단어·문장·배경지식 수준에 따라 설계된 단계별 독해 학습을 시작하세요.

배경지식이 문해력이다

배경지식은 문해력의 중요한 뿌리입니다.
하루 두 장, 교과서의 핵심 개념을 글과 재미있는 삽화로 익히고 한눈에 정리할 수 있습니다.
시간이 부족하여 다양한 책을 읽지 못하더라도 교과서의 중요 지식만큼은 놓치지 않도록
〈배경지식이 문해력이다〉로 학습하세요.

디지털독해가 문해력이다

디지털독해력은 다양한 디지털 매체 속 정보를 읽어 내는 힘입니다.
아이들이 접하는 디지털 매체는 매일 수많은 정보를 만들어 내기 때문에
디지털 매체의 정보를 판단하는 문해력은 현대 사회의 필수 능력입니다.
〈디지털독해가 문해력이다〉로 교과서 내용을 중심으로 디지털 매체 속 정보를 확인하고
다양한 과제를 해결해 보세요.

쓰기가 문해력이다로
자신 있게 내 생각을 표현하도록 쓰기 능력을 키워 주세요!

〈쓰기가 문해력이다〉는 글쓰기 능력을 향상시킬 수 있는 단계별 글쓰기 교재로, 학습자들에게 글쓰기가 어렵지 않다는 인식이 생기도록 체계적으로 글쓰기 학습을 유도합니다.

"맞춤법에 맞는 낱말 쓰기 연습이 필요해요."
"쉽고 재미있게 써 보는 교재가 좋아요."
"완성된 문장을 쓸 수 있는 비법을 알았으면 좋겠어요."
"생각을 표현하는 데 도움이 되는 글쓰기 교재가 필요해요."
"한 편의 완성된 글쓰기를 체계적으로 쓸 수 있는 교재면 좋겠어요."
"글의 종류에 따른 특징을 알고 쓰는 방법을 익힐 수 있는 교재가 필요해요."

P단계		1단계
1주차 자음자와 모음자가 만나 만든 글자		**1주차** 내가 자주 사용하는 낱말 1
2주차 받침이 없거나 쉬운 받침이 있는 낱말		**2주차** 내가 자주 사용하는 낱말 2
3주차 받침이 있는 낱말과 두 낱말을 합하여 만든 낱말		**3주차** 헷갈리는 낱말과 꾸며 주는 낱말
4주차 주제별 관련 낱말		**4주차** 바르게 써야 하는 낱말

2단계		3단계
1주차 간단한 문장		**1주차** 다양하게 표현한 문장
2주차 자세히 꾸며 쓴 문장		**2주차** 사실과 생각을 표현한 문장
3주차 소개하는 글과 그림일기		**3주차** 다양한 종류의 편지글
4주차 다양한 종류의 쪽지글		**4주차** 다양한 형식의 독서 카드

P~1 단계
기초 어휘력 다지기 단계
낱말 중심의
글씨 쓰기 도전

2~3 단계
문장력, 문단 구성력 학습 단계
문장에서 문단으로
글쓰기 실전 도전

4~7 단계
글쓰기 능력 향상 단계
글의 구조에 맞춰
글쓰기 도전

4 단계

1주차	생활문
2주차	독서 감상문
3주차	설명문
4주차	생활 속 다양한 종류의 글

5 단계

1주차	다양한 종류의 글 1
2주차	다양한 종류의 글 2
3주차	의견을 나타내는 글
4주차	형식을 바꾸어 쓴 글

6 단계

1주차	대상에 알맞은 방법으로 쓴 설명문
2주차	다양한 형식의 문학적인 글
3주차	매체를 활용한 글
4주차	주장이 담긴 글

7 단계

1주차	논설문
2주차	발표문
3주차	다양한 형식의 자서전
4주차	다양한 형식의 독후감

이책의 구성과 특징

무엇을 쓸까요

주차별 학습 내용을 한눈에 볼 수 있도록 학습 내용을 알아보기 쉽게 그림과 함께 꾸몄습니다.
1주 동안 배울 내용을 삽화와 글로 표현하여 학습 내용에 대해 미리 엿볼 수 있도록 하였습니다.

어떻게 쓸까요

글쓰기의 방법을 알려 주는 단계로, 글의 구조에 맞게 완성된 한 편의 **글을 쓰는 과정**을 보여 줍니다. 글쓰기의 예로 든 글을 보면서 글쓰기의 방법을 자연스럽게 익혀 보는 코너입니다.

이렇게 써 봐요

'**어떻게 쓸까요**'에서 배운 글쓰기 단계에 맞춰 **나의 글쓰기**를 본격적으로 해 보는 **직접 쓰기 단계**입니다.
'어떻게 쓸까요'에서 배운 글쓰기 과정에 따라 나만의 글쓰기 한 편을 부담 없이 완성해 볼 수 있도록 하였습니다.

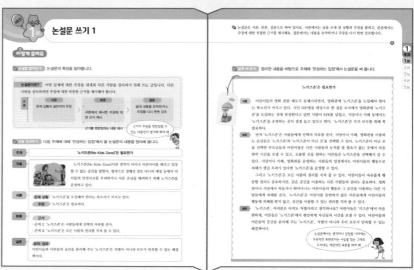

아하~ 알았어요

1주 동안 배운 내용을 문제 형식으로 풀어 보도록 구성한 **확인 학습 코너**입니다. 내용에 맞는 다양한 형식으로 제시하여 부담 없이 문제를 풀어 보도록 구성하였습니다.

참 잘했어요

1주 동안 배운 내용과 연계해서 **놀이 형식**으로 꾸민 코너입니다. **창의. 융합 교육을 활용**한 놀이마당 형식으로, 그림을 활용하고 퀴즈 등 다양한 형식으로 구성하여 재미있고 즐거운 마무리 학습이 되도록 하였습니다.

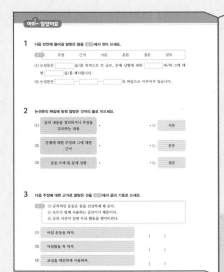

더 알아 두면 좋은 내용이라서 글쓰기에 도움을 주는구나!

혼자서도 자신 있게 한 편의 글을 완성할 수 있다는 것을 알게 해 주네!

부록

각 단계별로 본 책과 연계하여 **더 알아 두면 유익한 내용**을 삽화와 함께 구성하였습니다.

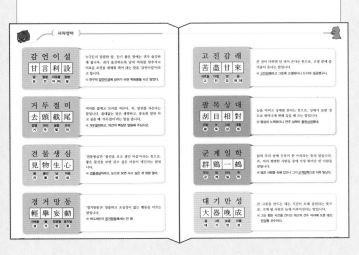

정답과 해설

'이렇게 써 봐요' 단계의 예시 답안을 실어 주어 '어떻게 쓸까요'와 함께 다시 한번 완성된 글들을 읽어 봄으로써 **반복 학습 효과**가 나도록 하였습니다.

이 책의 차례

3주차

다양한 형식의 자서전

4주차

다양한 형식의 독후감

1주차

논설문

친구나 주변 사람들에게 내 생각을 주장하고 싶었던 경험이 있나요? 주장을 하려면 **주장하는 내용**에 대한 **적절한 근거**를 제시해야 해요.

논설문은 주장하는 내용에 따르도록 **사람을 설득하는 글**이에요. 주장하는 내용에 대한 근거가 명확하고 그 근거가 주장을 뒷받침해야 설득력을 얻을 수 있어요. 어떻게 하면 설득력 있는 논설문을 쓸 수 있는지 함께 연습해 봐요!

논설문 쓰기 1

어떻게 쓸까요

🏷️ **논설문 알아보기** 논설문의 특징을 알아봅니다.

논설문이란? 어떤 문제에 대한 주장을 내세워 다른 사람을 설득하기 위해 쓰는 글입니다. 다른 사람을 설득하려면 주장에 대한 타당한 근거를 제시해야 합니다.

구성

서론	본론	결론
문제 상황과 글쓴이의 주장	• 서론에서 제시한 주장에 대한 근거 제시 • 근거를 뒷받침하는 내용 제시	글의 내용을 요약하거나, 주장을 다시 한번 강조

> 근거가 주장을 뒷받침할 수 있는 내용인지 생각해 봐야 해.

🏷️ **내용 정리하기** 다음 주제에 대해 '찬성하는 입장'에서 쓸 논설문의 내용을 정리해 봅니다.

주제   '노키즈존(No Kids Zone)'은 필요한가

자료

노키즈존(No Kids Zone)이란 젖먹이 아이나 어린아이를 데리고 입장할 수 없는 공간을 말한다. 법적으로 정해진 것은 아니며 매장 등에서 아이들의 안전사고를 우려하거나 다른 손님을 배려하기 위해 노키즈존을 운영하고 있다.

서론

문제 상황 '노키즈존'을 도입해야 한다는 목소리가 커지고 있다.

주장 '노키즈존'은 필요하다.

본론

근거

• 근거 1: '노키즈존'은 사람들에게 선택의 자유를 준다.
• 근거 2: '노키즈존'은 모든 사람의 권리를 지켜 줄 수 있다.

결론

요약·강조

어린이들과 어른들의 공간을 분리해 주는 '노키즈존'은 차별이 아니라 모두가 만족할 수 있는 해결책이다.

논설문은 서론, 본론, 결론으로 짜여 있어요. 서론에서는 글을 쓰게 된 상황과 주장을 밝히고, 본론에서는 주장에 대한 적절한 근거를 제시해요. 결론에서는 내용을 요약하거나 주장을 다시 한번 강조합니다.

글로 써 보기 정리한 내용을 바탕으로 주제에 '찬성하는 입장'에서 논설문을 써 봅니다.

'노키즈존'은 필요한가

서론 　어린이들의 영화 관람 태도가 문제시되면서, 영화관에 '노키즈존'을 도입해야 한다는 목소리가 커지고 있다. 시민 500명을 대상으로 한 설문 조사에서 영화관에 '노키즈존'을 도입하는 것에 찬성한다고 답한 사람이 61%를 넘었고, 식당이나 카페 등에서도 '노키즈존'을 운영하는 곳이 점점 늘고 있다고 한다. '노키즈존'은 우리 모두를 위해 꼭 필요하다.

본론 　먼저 '노키즈존'은 사람들에게 선택의 자유를 준다. 식당이나 카페, 영화관을 이용하는 손님들은 '노키즈존'과 '노키즈존이 아닌 곳'을 선택할 수 있다. 노키즈존이 아닌 곳을 선택한 부모님들과 어린이들은 다른 사람들의 눈치를 볼 필요가 없는 곳에서 마음 편히 시간을 보낼 수 있고, 조용한 곳을 원하는 어른들은 노키즈존을 선택해서 갈 수 있다. 식당이나 카페, 영화관을 운영하는 사람들의 입장에서도 어린이들의 행동으로 피해가 생길 우려가 있다면 '노키즈존'을 운영할 수 있다.

　그리고 '노키즈존'은 모든 사람의 권리를 지켜 줄 수 있다. 어린이들이 자유롭게 행동할 권리도 중요하지만, 같은 공간을 이용하는 다른 사람들의 권리도 중요하다. 영화관이나 식당에서 떠들거나 뛰어다니는 어린이들의 행동은 그 공간을 이용하는 다른 사람들에게 피해를 준다. '노키즈존'은 어린이를 동반하지 않은 어른들에게 어린이들의 행동에 피해를 받지 않고, 공간을 이용할 수 있는 권리를 지켜 줄 수 있다.

결론 　'노키즈존', 여러분은 아직도 차별이라고 생각하나요? 어린이들은 '키즈존'에서 마음 편하게, 어른들은 '노키즈존'에서 편안하게 자신들의 시간을 보낼 수 있다. 어린이들과 어른들의 공간을 분리해 주는 '노키즈존', 차별이 아니라 우리 모두가 만족할 수 있는 해결책이다.

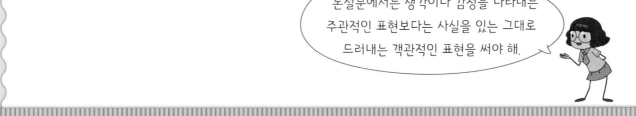

논설문에서는 생각이나 감정을 나타내는 주관적인 표현보다는 사실을 있는 그대로 드러내는 객관적인 표현을 써야 해.

내용 정리하기 다음 주제에 대해 '반대하는 입장'에서 쓸 논설문의 내용을 정리해 보세요.

주제 ▷ '노키즈존(No Kids Zone)'은 필요한가

자료 ▷  노키즈존(No Kids Zone)이란 젖먹이 아이나 어린아이를 데리고 입장할 수 없는 공간을 말한다. 법적으로 정해진 것은 아니며 매장 등에서 아이들의 안전사고를 우려하거나 다른 손님을 배려하기 위해 노키즈존을 운영하고 있다.

서론 ▷ 문제 상황

주장

본론 ▷ 근거

> 근거가 주장을 뒷받침할 수 있는 내용인지 생각해 봐야 해.

결론 ▷ 요약·강조

정리한 내용을 바탕으로 주제에 '반대하는 입장'에서 논설문을 써 보세요.

논설문에서는 생각이나 감정을 나타내는 주관적인 표현보다는 사실을 있는 그대로 드러내는 객관적인 표현을 써야 해.

논설문 쓰기 2

에떻게 쓸까요

생각 모으기 '학교 폭력'에 대해 떠오르는 생각을 정리해 봅니다.

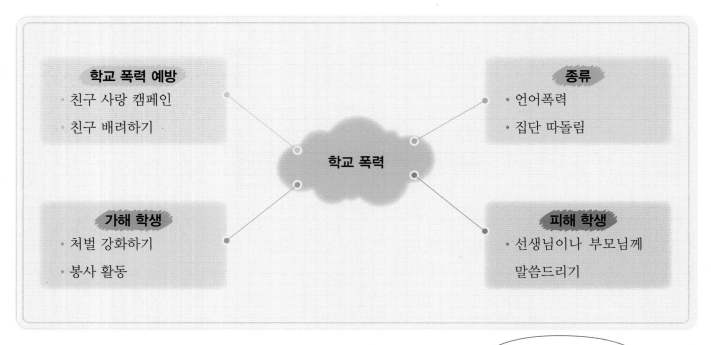

학교 폭력 예방
• 친구 사랑 캠페인
• 친구 배려하기

종류
• 언어폭력
• 집단 따돌림

학교 폭력

가해 학생
• 처벌 강화하기
• 봉사 활동

피해 학생
• 선생님이나 부모님께 말씀드리기

해결 방법은 실천 가능한 것을 제시해야 해.

내용 정리하기 '학교 폭력을 줄이자'라는 주제로 논설문을 쓰기 위한 개요를 정리해 봅니다.

서론

> **주장**
> 학교 폭력을 줄이자.

본론

> **해결 방법**
> • 학교 폭력 예방 캠페인을 열어 학교 폭력의 위험성을 알려야 한다.
> • 항상 친구들을 배려하는 태도를 가져야 한다.
> • 학교 폭력 가해 학생의 처벌을 강화해야 한다.

결론

> **요약·강조**
> 학교 폭력 없는 학교를 만들기 위해 노력하자.

논설문 중에서도 문제를 해결할 수 있는 방법을 제시하는 내용으로 쓴 논설문을 '문제 해결형 논설문'이라고 해요.

글로 써 보기 정리한 내용을 바탕으로 '학교 폭력을 줄이자'라는 주제의 논설문을 써 봅니다.

학교 폭력 없는 세상을 만들자

서론   학교 폭력 문제가 심각하다. 학생들 사이에서 일어나는 신체 폭력뿐 아니라 정신적으로 피해를 주는 행동, 언어폭력, 재산상의 피해를 주는 행동 모두가 학교 폭력이다. 모든 학생들이 마음 편히 학교생활을 할 수 있도록 학교 폭력을 줄여야 한다. 그렇다면 학교 폭력을 줄이는 방법에는 무엇이 있을까?

본론   학교 폭력을 줄이기 위해서는 첫째, 학교 폭력 예방 캠페인을 열어 학생들에게 학교 폭력의 위험성을 알려야 한다. 학교 폭력 가해 학생의 대부분은 장난이라고 생각하거나 폭력이라고 생각하지 못하고 행동하는 경우가 많다. 학교 폭력 예방 캠페인을 통해 학생들에게 학교 폭력이 무엇인지, 학교 폭력이 얼마나 위험한지 정확하게 알려야 한다.

  둘째, 항상 친구들을 배려하는 태도를 가져야 한다. 내가 지금 하는 행동이 친구에게 상처를 주지는 않는지, 내가 이런 행동을 당한다면 어떨지 생각해 보고 행동하는 태도를 갖는다면 학교 폭력은 줄어들 것이다.

  셋째, 학교 폭력 가해 학생의 처벌을 강화해야 한다. 가해 학생의 처벌을 강화한다면 처벌에 대한 두려움이 생겨 학교 폭력을 쉽게 하지 못할 것이다.

결론   학교 폭력을 당해 목숨을 끊거나 우울증으로 괴로워하는 학생들에 관한 기사를 자주 볼 수 있다. 지금도 우리 주변에서 학교 폭력을 당하고 괴로워하는 친구들이 있을지 모른다. 하루빨리 학교 폭력 없는 학교를 만들기 위해 우리 모두 노력하자.

> 문제 해결형 논설문에서는
> 서론에서 문제 상황과 그에 대한 주장을 쓰고,
> 본론에서는 문제를 해결할 방법을 제시해.
> 그리고 결론에서는 본론의 내용을 정리하거나
> 주장을 다시 한번 강조하면 돼.

자료 조사하기 다음 자료를 살펴보고, 논설문으로 쓸 글의 주제를 생각해 보세요.

□□ 신문

20○○년 9월 5일

어린이 교통사고 예방을 위해 스쿨존을 지정하고 여러 시설도 설치하고 있지만, 여전히 어린이 교통사고 발생률이 줄지 않고 있습니다.

스쿨존에서 발생하는 교통사고는 10명 중 7명이 도로 횡단 중 일어나는 것으로 나타났습니다. 부상자의 40% 이상은 유치원생 또는 초등학교 저학년 학생입니다. 사고 대부분은 보행자 보호 의무 위반과 안전 운전 의무 불이행이 원인이었습니다. 사고가 가장 많이 발생하는 시간은 오후 2시에서 4시 사이로 학생들이 하교하는 시간대에 집중되어 있는 것으로 나타났습니다.

△△△ 기자

주제

내용 정리하기 위에서 생각한 주제로 논설문을 쓰기 위한 개요를 정리해 보세요.

자료

스쿨존은 어린이를 교통사고의 위험으로부터 보호하기 위해 초등학교, 유치원, 학원 주변에 지정된 어린이 보호 구역이다. 보호 구역으로 지정된 곳에서는 차량의 통행 속도를 시속 30km 이내로 제한하고, 구역 내 주·정차를 금지할 수 있다.

해결 방법은 실천 가능한 것을 제시해야 해.

서론 주장

본론 해결 방법

결론 요약·강조

글로 써 보기 정리한 내용을 바탕으로 논설문을 써 보세요.

문제 해결형 논설문에서는
서론에서 문제 상황과 그에 대한 주장을 쓰고,
본론에서는 문제를 해결할 방법을 제시해.
그리고 결론에서는 본론의 내용을 정리하거나
주장을 다시 한번 강조하면 돼.

논설문 쓰기 3

어떻게 쓸까요

생각 모으기 내가 관심 있는 사회 문제가 무엇인지 떠올려 봅니다.

- 통일은 꼭 해야 할까?
- 층간 소음 문제
- 학생들의 독서량 부족 문제
- 우리 동네의 주차 공간 부족 문제
- 인터넷 신조어 사용 문제

주장 정하기 떠올린 문제 중 하나를 골라 주장과 근거를 정리해 봅니다.

문제 ●—— 통일은 꼭 해야 할까?

주장 ●—— 통일은 꼭 해야 한다.

근거
- 이산가족의 아픔이 사라질 수 있다.
- 통일을 해야 전쟁의 위험이 사라진다.
- 통일을 하면 우리나라의 힘이 더 강해질 수 있다.

> 근거를 뒷받침할 자료나 내용이 타당해야 읽는 사람이 공감할 수 있어.

내용 정리하기 주장에 알맞은 근거를 들고, 근거를 뒷받침할 내용을 정리해 봅니다.

근거 1 이산가족의 아픔이 사라질 수 있다.

뒷받침 내용 및 자료 북한에 있는 가족을 평생 그리워하는 사람들이 많다. 가족을 만나고 싶어도 만나지 못하는 사람들의 고통을 해결해 주어야 한다.

근거 2 통일을 해야 전쟁의 위험이 사라진다.

뒷받침 내용 및 자료 우리는 지금 휴전 상태이다. 언제든 전쟁이 일어날 수 있는 위험을 안고 살고 있다. 통일을 하면 이런 전쟁의 위험에서 벗어날 수 있다.

근거 3 통일을 하면 우리나라의 힘이 더 강해질 수 있다.

뒷받침 내용 및 자료 남한이 가지고 있는 기술과 자본, 북한의 풍부한 자원이 합쳐진다면 우리나라가 경제적으로 더 발전할 수 있다.

논설문에서 주장하는 내용은 '~해야 한다', '~한다고 생각한다' 등으로 글쓴이의 생각이 분명하게 드러나도록 써야 해요.

글로 써 보기 정리한 내용을 바탕으로 주장이 잘 드러나게 논설문을 써 봅니다.

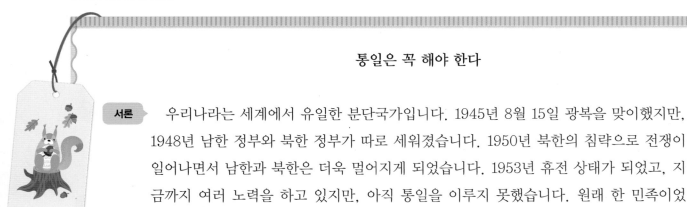

통일은 꼭 해야 한다

서론   우리나라는 세계에서 유일한 분단국가입니다. 1945년 8월 15일 광복을 맞이했지만, 1948년 남한 정부와 북한 정부가 따로 세워졌습니다. 1950년 북한의 침략으로 전쟁이 일어나면서 남한과 북한은 더욱 멀어지게 되었습니다. 1953년 휴전 상태가 되었고, 지금까지 여러 노력을 하고 있지만, 아직 통일을 이루지 못했습니다. 원래 한 민족이었던 우리의 모습으로 돌아가기 위해 통일은 꼭 해야 합니다.

본론   무엇보다도 통일을 하면 이산가족의 아픔이 사라질 수 있습니다. 분단 이후 남과 북으로 흩어진 가족을 만나지 못하는 이산가족이 아직도 많습니다. 평생 가족을 만나지 못하고 그리워해야만 하는 것이 얼마나 고통스러울까요? 이런 이산가족의 아픔을 덜어 주기 위해서라도 반드시 통일을 해야 합니다.

    다음으로 우리는 지금 전쟁을 잠시 쉬고 있는 휴전 상태입니다. 언제든 전쟁이 일어날 수 있는 위험을 안고 살고 있습니다. 통일을 하면 이런 전쟁의 위험과 불안에서 벗어날 수 있습니다.

    마지막으로 통일을 하면 우리나라의 힘이 더 강해질 수 있습니다. 남한의 과학 기술과 우수한 인적 자원, 북한의 자연환경과 천연자원이 합쳐진다면 우리나라는 더 큰 발전을 이룰 수 있습니다.

결론   통일은 이산가족의 아픔을 해소해 주고, 전쟁의 공포와 불안에서 벗어나게 해 줍니다. 우리나라의 발전을 위해서도 꼭 통일을 해야 합니다.

서론에는 글을 읽는 사람의 관심을 끌 만한 내용을 써야 해.

이렇게 써 봐요

주장 정하기 '어떻게 쓸까요'에서 떠올린 문제 중 하나를 골라 주장과 근거를 정리해 보세요.

문제

주장

근거

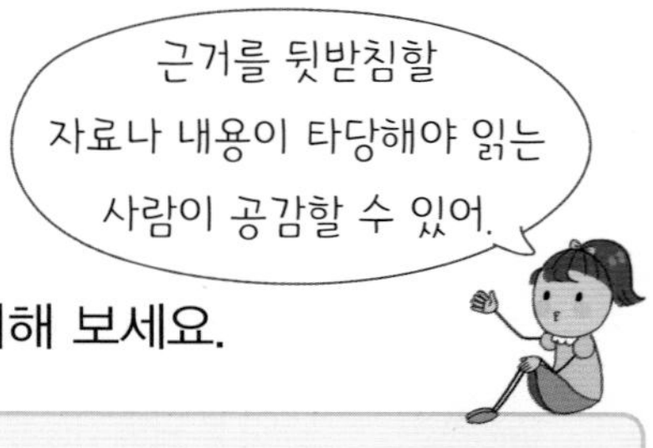
근거를 뒷받침할
자료나 내용이 타당해야 읽는
사람이 공감할 수 있어.

내용 정리하기 주장에 알맞은 근거를 들고, 근거를 뒷받침할 내용을 정리해 보세요.

근거 1

뒷받침 내용 및 자료

근거 2

뒷받침 내용 및 자료

근거 3

뒷받침 내용 및 자료

1
주차
1회
2회
3회
4회
5회

서론에는 글을 읽는
사람의 관심을 끌 만한 내용을
써야 해.

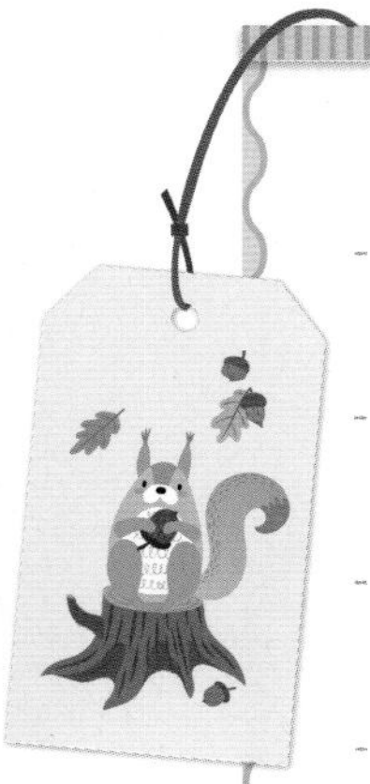

자료 정리하여 **논설문 쓰기 1**

어떻게 쓸까요

자료 알아보기 **자료 1**과 **자료 2**를 읽어 봅니다.

[자료 1] 2017년을 기준으로 해마다 바다에 버려지는 플라스틱 쓰레기는 약 950만 톤입니다. 해변으로 떠밀려 온 바다거북의 장기에서는 플라스틱 쓰레기가 발견되었고, 플라스틱 조각뿐 아니라 바다에 떠다니는 비닐 쓰레기를 먹은 바다거북들이 죽은 채 발견되는 일이 종종 있습니다. 버려진 플라스틱 쓰레들은 바다거북과 같

은 해양 동물들의 생명을 위협할 뿐 아니라 우리의 건강도 해칠 수 있습니다. 분해되고 남은 미세 플라스틱이 우리의 식탁에 다시 올라오기 때문입니다.

캐나다의 한 연구 팀이 2030년까지 전 세계의 플라스틱 쓰레기 배출량을 예상해 본 결과, 사람들이 플라스틱 소비를 줄이려고 노력하더라도 최대 약 5,300만 톤의 플라스틱 쓰레기가 발생할 것으로 나타났습니다. 이 연구 팀에서는 플라스틱 쓰레기로 인해 지구의 모든 생태계가 위협을 받을 것이라고 경고하였습니다.

[자료 2] 우리나라의 플라스틱 쓰레기 배출량은 세계에서 3위라고 합니다. 2019년을 기준으로 1인당 연간 44kg의 플라스틱 쓰레기를 배출하는 것으로 나타났습니다. 버려지는 플라스틱 중 재활용이 가능한 것은 약 10% 정도밖에 되지 않아 플라스틱 쓰레기 문제가 심각합니다. 최근에는 배달 음식의 이용과 온라인 쇼핑, 택배

사용의 증가로 우리가 사용하는 플라스틱의 양도 점점 늘어나고 있습니다.

환경에 관한 관심이 늘어나고 플라스틱 쓰레기 배출량에 대한 심각성을 느끼는 사람들이 플라스틱 사용 줄이기 캠페인에 적극적으로 동참하고 있습니다. 식당에서는 일회용 용기나 수저를 사용하는 대신 개인이 가지고 오는 용기와 수저를 이용하기도 하고, 카페에서는 일회용 컵 대신 머그컵이나 개인 텀블러를 사용합니다. 그러나 전문가들은 무엇보다도 플라스틱의 재활용률을 높이는 것이 더 중요하다고 말합니다. 이물질이 묻어 있거나 내용물이 남아 있는 채 분리 배출된 플라스틱은 재활용이 되지 못하고 일반 쓰레기로 버려지는 경우가 많기 때문입니다.

자료를 읽고, 자료의 내용을 바탕으로 문제 상황에 대해 주장하는 글을 쓸 때에는 주어진 자료를 잘 분석해야 해요. 한 편의 완성된 글쓰기가 될 수 있도록 각 단계를 익혀 두도록 합니다.

자료 정리하기 〔자료 1〕과 〔자료 2〕를 읽고 내용을 정리해 봅니다.

1 〔자료 1〕과 〔자료 2〕에서 중요한 낱말을 골라 써 봅니다.

- **자료 1** : 플라스틱 쓰레기, 해양 동물, 미세 플라스틱, 생태계, 위협
- **자료 2** : 플라스틱 쓰레기 배출량, 재활용, 플라스틱 사용 줄이기

2 〔자료 1〕과 〔자료 2〕에서 공통으로 말하고 있는 문제는 무엇인지 써 봅니다.

- 플라스틱 쓰레기 문제

3 〔자료 1〕과 〔자료 2〕의 내용을 요약해 써 봅니다.

- **자료 1** : 매년 바다에 버려지는 플라스틱 쓰레기가 늘고 있다. 버려진 플라스틱 쓰레기는 해양 동물들의 생명을 위협하고 나아가 우리의 건강을 해칠 것이다. 캐나다의 한 연구 팀에 의하면 플라스틱 쓰레기로 인해 지구의 생태계가 위협을 받을 것이라고 하였다.
- **자료 2** : 우리나라 플라스틱 쓰레기 배출량은 세계 3위로 심각한 수준이다. 사용하는 플라스틱의 양은 늘고 있지만, 버려지는 플라스틱 중 재활용이 되는 경우는 약 10%뿐이다. 사람들은 플라스틱 사용을 줄이는 캠페인에 동참하고 있지만, 전문가들은 무엇보다 플라스틱의 재활용률을 높이는 것이 중요하다고 말한다.

4 〔자료 1〕과 〔자료 2〕의 내용을 바탕으로 어떤 주장을 할 수 있는지 써 봅니다.

- 플라스틱 쓰레기를 줄이자, 쓰레기 분리수거를 잘하자, 환경을 생각하는 생활을 하자.

자료에서 찾은 중요 낱말을 바탕으로 자료에서
전달하려는 내용이 무엇인지 생각해 봐!

🗨️ 생각 모으기 정리한 자료를 바탕으로 '플라스틱 쓰레기'와 관련한 논설문을 쓰려고 할 때, 떠오르는 내용을 써 봅니다.

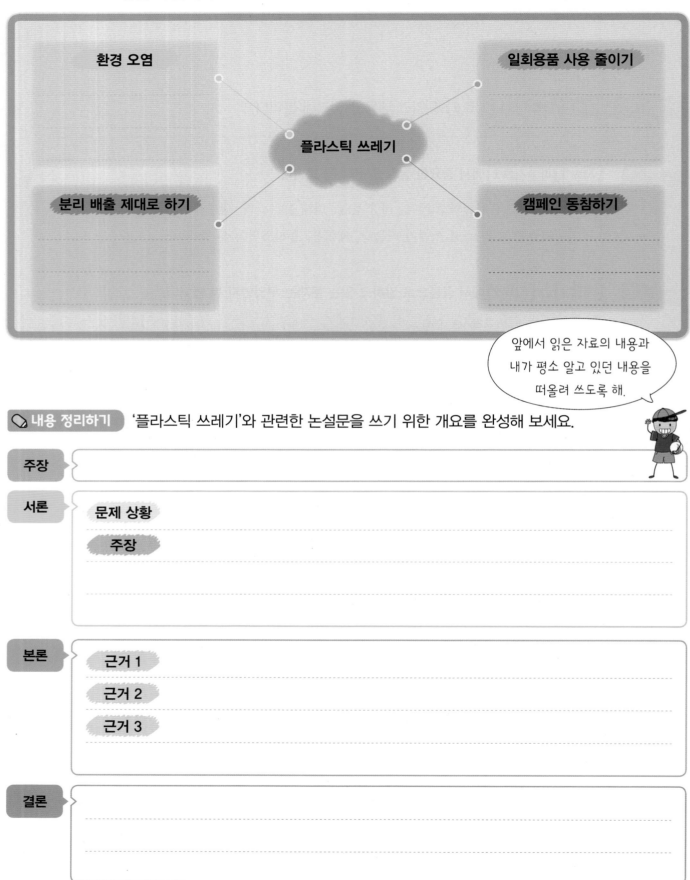

환경 오염

일회용품 사용 줄이기

플라스틱 쓰레기

분리 배출 제대로 하기

캠페인 동참하기

앞에서 읽은 자료의 내용과 내가 평소 알고 있던 내용을 떠올려 쓰도록 해.

🗨️ 내용 정리하기 '플라스틱 쓰레기'와 관련한 논설문을 쓰기 위한 개요를 완성해 보세요.

주장

서론
문제 상황
주장

본론
근거 1
근거 2
근거 3

결론

새로운 내용으로 바뀔 때는
문단 나누기를 해. 그래야 읽는 사람이
글의 내용을 쉽게 이해할 수 있어.

1
주차
1회
2회
3회
4회
5회

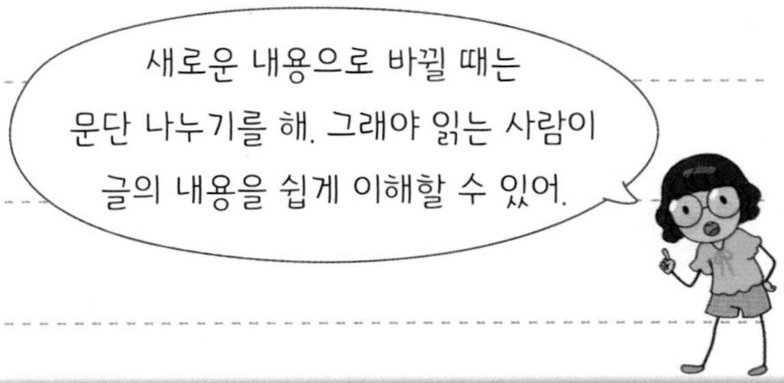

자료 정리하여 **논설문 쓰기 2**

어떻게 쓸까요

자료 분석하기 다음 통계 자료를 보고 생각할 수 있는 문제점을 알아봅니다.

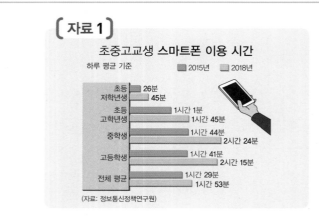

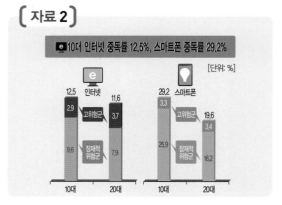

[자료 1]과 **[자료 2]**를 통해 알 수 있는 문제는 무엇인가요?

• 청소년의 스마트폰 중독 문제가 심각하다.

• 학생들이 인터넷이나 스마트폰을 이용하는 시간이 너무 길다.

내용 정리하기 정리한 내용을 바탕으로 논설문을 쓰기 위한 개요를 써 봅니다.

> 자료를 통해 전달하고자 하는 내용이 무엇인지 생각해 봐!

서론

문제 상황

청소년들의 스마트폰 중독 문제가 심각하다.

주장

스마트폰 사용 시간을 줄이자.

본론

근거

• 스마트폰을 장시간 사용하면 눈 건강뿐 아니라 자세에도 나쁜 영향을 미친다.

• 스마트폰을 오래 사용하는 학생들은 다른 일을 할 때 집중력이 떨어지고 스트레스나 우울감을 쉽게 느낄 수 있다.

• 스마트폰을 보면서 길을 다니는 학생들이 많아 안전사고 발생률이 높아졌다.

결론

요약 · 강조

스마트폰은 우리에게 없어서는 안 될 존재이지만 너무 오래 사용할 경우 우리의 건강과 안전을 해친다. 스마트폰 사용 시간을 줄이자.

글로 써 보기 정리한 내용을 바탕으로 주장이 잘 드러나게 논설문을 써 봅니다.

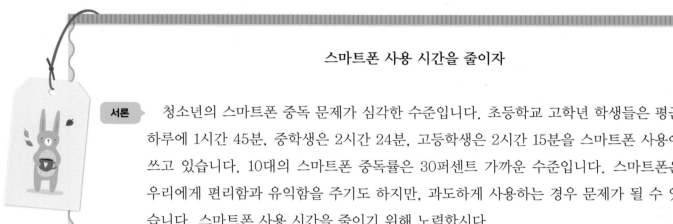

스마트폰 사용 시간을 줄이자

서론 청소년의 스마트폰 중독 문제가 심각한 수준입니다. 초등학교 고학년 학생들은 평균 하루에 1시간 45분, 중학생은 2시간 24분, 고등학생은 2시간 15분을 스마트폰 사용에 쓰고 있습니다. 10대의 스마트폰 중독률은 30퍼센트 가까운 수준입니다. 스마트폰은 우리에게 편리함과 유익함을 주기도 하지만, 과도하게 사용하는 경우 문제가 될 수 있습니다. 스마트폰 사용 시간을 줄이기 위해 노력합시다.

본론 스마트폰을 오랜 시간 사용하게 되면 건강에 나쁜 영향을 끼칩니다. 먼저 시력이 나빠질 수 있고, 거북목 등 자세에도 나쁜 영향을 줍니다. 성장하고 있는 청소년기에 시력 저하나 나쁜 자세가 생긴다면 건강에 큰 위협을 받게 됩니다.

스마트폰을 오래 사용하면 집중력이 떨어집니다. 연구에 따르면 스마트폰을 오래 사용하는 학생일수록 다른 일을 할 때 집중력이 떨어지게 되고, 정서에도 좋지 않은 영향을 받게 된다고 합니다. 스트레스나 우울감을 쉽게 느끼는 문제도 생길 수 있습니다.

길을 다니면서 스마트폰을 손에서 놓지 않는 것도 문제입니다. 길을 걸어다니면서 스마트폰을 보는 경우, 지나가는 사람과 부딪히거나, 길을 건널 때 지나가는 차를 보지 못하는 문제가 생깁니다. 교통사고의 위험률이 높아지는 것입니다. 길을 걸으면서 스마트폰을 보는 것은 우리의 생명을 위협하는 행동입니다.

결론 스마트폰, 필요한 때 적당한 시간을 사용하면 우리에게 편리함과 즐거움을 줍니다. 하지만 과도하게 사용하거나 중독되는 경우, 우리의 건강이나 생명을 위협하는 것이 될 수 있습니다. 우리 모두 스마트폰 사용 시간을 줄입시다.

상대방을 잘 설득하려면 그 이유가 분명해야 하는데 이것을 '주장에 대한 이유'라고 해. 내 주장이 받아들여졌다면 구체적으로 어떻게 하라고 권고하는 것도 좋아. 이것을 '주장에 대한 실천 방법'이라고 해.

🏷 **자료 분석하기** 다음 통계 자료를 보고, 생각할 수 있는 문제점은 무엇인지 정리해 보세요.

[자료 1]

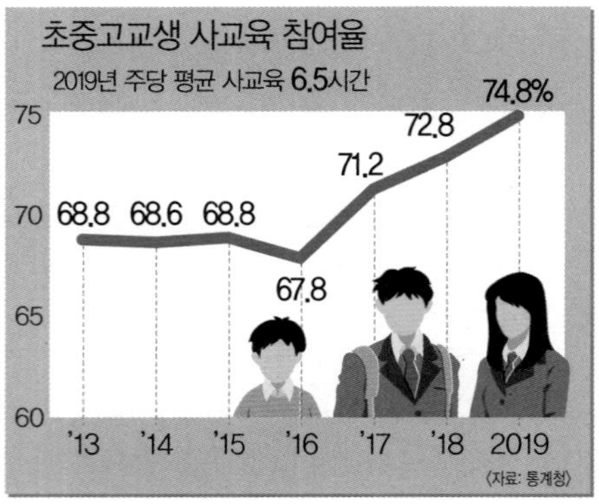

초중고교생 사교육 참여율
2019년 주당 평균 사교육 6.5시간

'13	'14	'15	'16	'17	'18	2019
68.8	68.6	68.8	67.8	71.2	72.8	74.8%

(자료: 통계청)

[자료 2]

초중고교생 학교 정규 수업 시간 외 학습 시간
2018년 평일 하루 기준 (단위: %)

1시간 미만	1~2시간	2~3시간	3~4시간	4~5시간	5~6시간	6시간 이상
15.6	16.5	22.3	19.1	13.5	7.8	5.2

초중고교생 평일 여가 활동 시간 (단위: %)

1시간 미만	1~2시간	2~3시간	3~4시간	4~5시간	5시간 이상
16.8	27.4	21.5	15.4	7.1	11.9

(자료: 교육부·여성가족부)

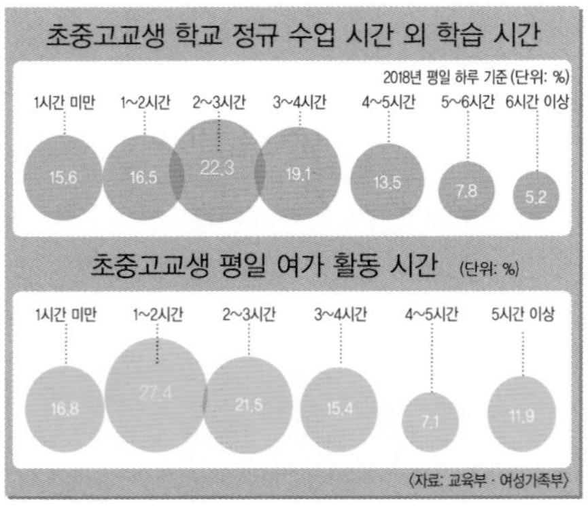

문제 상황

🏷 **내용 정리하기** 논설문을 쓰기 위한 개요를 완성해 보세요.

> 자료를 통해 전달하고자 하는 내용이 무엇인지 생각해 봐!

서론 → 문제 상황

주장

본론 → 근거

결론 → 요약·강조

정리한 내용을 바탕으로 논설문을 써 보세요.

상대방을 잘 설득하려면 그 이유가
분명해야 하는데 이것을 '주장에 대한 이유'라고 해.
내 주장이 받아들여졌다면 구체적으로
어떻게 하라고 권고하는 것도 좋아.
이것을 '주장에 대한 실천 방법'이라고 해.

1 다음 빈칸에 들어갈 알맞은 말을 보기 에서 찾아 쓰세요.

보기   주장   근거   서론   본론   결론   설득

(1) 논설문은 [   ]을/를 목적으로 쓴 글로, 문제 상황에 대한 [   ]과/와 그에 대한 [   ]을/를 제시합니다.

(2) 논설문은 [   ] – [   ] – [   ]의 짜임으로 이루어져 있습니다.

2 논선문의 짜임에 맞춰 알맞은 것끼리 줄로 이으세요.

(1) 글의 내용을 정리하거나 주장을 강조하는 내용   ·

·㉠   서론

(2) 문제에 대한 주장과 그에 대한 근거   ·

·㉡   본론

(3) 글을 쓰게 된 문제 상황   ·

·㉢   결론

3 다음 주장에 대한 근거로 알맞은 것을 보기 에서 골라 기호로 쓰세요.

보기   ㉠ 규칙적인 운동은 몸을 건강하게 해 준다.
㉡ 모두가 함께 사용하는 공간이기 때문이다.
㉢ 공복 시간이 길면 두뇌 활동을 떨어뜨린다.

(1) 아침 운동을 하자.   (   )

(2) 아침밥을 꼭 먹자.   (   )

(3) 교실을 깨끗하게 사용하자.   (   )

정답 아래
모여라~

라마, 원숭이, 판다, 여우, 코끼리 중 가장 많은 점수를 얻은 동물과 가장
적은 점수를 얻은 동물에 ○표 하세요. (맞으면 1점씩 점수를 줍니다.)

힌트: 논설문에 대한 설명이 맞으면 파란 O에, 틀리면 빨간 X에 모여야 합니다.

1. 논설문은 서론, 본론,
결론으로 짜여 있다.

2. 논설문에서 근거를
뒷받침하는 자료가
없어도 읽는 사람은
모두 공감할 수 있다.

3. 논설문에서 주장하는
내용은 '~해야 한다'처럼
글쓴이의 생각이 분명하게
드러나게 써야 한다.

라마　　원숭이　　판다　　여우　　코끼리

2주차 발표문

무엇을 쓸까요

저는 생활 속 발명품에 대해 발표하겠습니다. 음......, 그러니까......

여러 사람 앞에서 발표를 해 본 경험이 있나요? 발표를 잘하려면 발표하려는 내용을 미리 준비해서 정리해야 해요. 그래서 **발표문**이 필요한 것이지요.

발표문을 잘 쓰면 자신감 있게 훌륭한 **발표**를 할 수 있어요. 그럼 이번 주에는 여러 주제로 발표문을 쓰는 연습을 해 볼까요?

기본 형식으로 발표문 쓰기

어떻게 쓸까요

> 발표를 듣는 사람이 흥미를 가질 만한 내용을 발표 주제로 정하는 것이 좋아.

주제 정하기 발표 주제를 정하고 발표 대상과 발표 목적을 써 봅니다.

발표 주제	우연하게 발명한 생활 속 발명품
발표 대상	우리 반 친구들
발표 목적	우리 반 친구들에게 생활 속 발명품에 대해 알려 주고, 발명에 관심을 갖자는 말을 하려고

자료 조사하기 발표할 내용과 관련한 자료를 조사하여 정리해 봅니다.

생활 속 발명품 ①

콜라 | 미국의 한 약사가 여러 가지 물질을 섞어 약을 개발하는 과정에서 우연히 발명함.

생활 속 발명품 ②

초코칩쿠키 | 식당에서 일하던 한 직원이 쿠키를 만들다가 우연히 쿠키 위에 초콜릿을 올려서 구운 것이 계기가 되어 발명함.

내용 정리하기 발표문에 들어갈 내용을 정리해 봅니다.

처음	생활 속 발명품에 대해 발표하게 된 계기를 밝힘.
가운데	콜라, 초코칩쿠키를 발명하게 된 과정을 설명함.
끝	생활 속 발상 전환으로 누구나 발명가가 될 수 있다는 내용으로 마무리함.

'발표문'은 알리고 싶은 내용이나 어떤 주제에 대한 생각을 발표하기 위해 쓰는 글이에요. 어떻게 하면 전달하려는 내용을 분명하게 전달할 수 있을지, 듣는 사람이 쉽게 이해할 수 있을지를 생각하며 써야 해요.

🏷️ **글로 써 보기** 정리한 내용을 바탕으로 발표문을 써 봅니다.

생활 속 발명품

처음 여러분은 '발명' 하면 무엇이 떠오르나요? 에디슨, 아인슈타인 같은 위인들이 떠오르나요? 하지만 발명은 우리 생활 속에 가까이 있습니다. 생활 속에서 우연한 기회로 만들어진 발명품을 여러분께 소개하려고 합니다.

가운데 우리가 자주 마시는 콜라가 어떻게 만들어졌는지 아시나요? 콜라는 여러 가지 물질을 연구해 약을 만들던 미국의 한 약사가 약을 만드는 과정에서 우연히 발명하였습니다. 코카 나뭇잎과 콜라 열매의 추출물, 와인을 섞어 소화가 잘 되고 두통을 없애는 약을 개발하는 과정에서 콜라가 탄생하게 된 것입니다.

초코칩쿠키도 우연히 만들어지게 되었습니다. 1930년 미국의 한 고속도로 톨게이트에서 작은 식당을 운영하던 루스 웨이크필드는 직접 구운 쿠키를 후식으로 손님들에게 제공하였습니다. 어느 날 쿠키를 구워야 하는데 반죽이 모자라서 옆에 있던 초콜릿을 쿠키 반죽 위에 올려 구웠습니다. 웨이크필드는 초콜릿이 녹아서 반죽에 흡수될 것이라고 생각하고 한 행동이지만, 꺼내 보니 초콜릿은 그대로 굳어 있었는데, 손님들은 이 쿠키 맛에 감탄하였습니다. 우리가 먹는 초코칩쿠키는 이렇게 발명되었습니다.

끝 콜라와 초코칩쿠키가 발명품이라는 사실, 놀랍지 않나요? 우리도 주변을 자세히 관찰하고, 조금만 생각을 바꾸면 누구나 발명가가 될 수 있습니다. 이상으로 발표를 마치겠습니다. 감사합니다.

> 발표는 여러 사람 앞에서 하는 것이기 때문에, 높임말과 표준어를 써야 해. 그리고 듣는 사람이 이해하기 쉬운 말을 써야 발표를 듣는 사람들이 쉽게 이해할 수 있어.

주제 정하기 발표 주제를 정하고 발표 대상과 발표 목적을 써 보세요.

발표 주제

발표 대상

발표 목적

> 발표를 듣는 사람이 흥미를
> 가질 만한 내용을 발표 주제로
> 정하는 것이 좋아.

자료 조사하기 발표할 내용과 관련한 자료를 조사하여 정리해 보세요.

내용 정리하기 발표문에 들어갈 내용을 정리해 보세요.

처음

가운데

끝

글로 써 보기 정리한 내용을 바탕으로 발표문을 써 보세요.

발표는 여러 사람 앞에서 하는 것이기 때문에, 높임말과 표준어를 써야 해. 그리고 듣는 사람이 이해하기 쉬운 말을 써야 발표를 듣는 사람들이 쉽게 이해할 수 있어.

학교생활을 주제로 발표문 쓰기

어떻게 쓸까요

생각 모으기 학교생활을 주제로 어떤 내용을 발표하면 좋을지 떠올려 봅니다.

> 빌려 간 책을 기한 내에 반납하지 않아서 보고 싶은 책을 오랫동안 기다려야만 했던 일이 있었다.

> 도서관 이용 규칙을 지키지 않는 친구들이 많다.

> 도서관에서는 이야기하거나 소란스럽게 하면 안 되는데 뛰어다니거나 떠드는 친구들 때문에 집중해서 책을 읽을 수 없었던 일도 있었다.

주제 정하기 발표 주제를 정하고 발표 대상과 발표 목적을 써 봅니다.

발표 주제 ●── 도서관 이용 규칙을 잘 지키자

발표 대상 ●── 우리 학교 학생들

발표 목적 ●── 우리 학교 학생들에게 도서관 이용 규칙을 잘 지키자는 나의 의견을 말하려고

> 친구들에게 이야기하고 싶은 것을 골라 발표 주제로 정해 봐!

내용 정리하기 발표문에 들어갈 내용을 정리해 봅니다.

처음 > 도서관을 이용하면서 불편했던 경험을 말함.

가운데 > 도서관에서 빌린 책은 대출 기한 내에 반납하자, 도서관에서는 떠들거나 장난치지 말자, 빌린 책을 깨끗하게 보고 반납하자는 내용으로 의견을 말함.

끝 > 모두가 함께 이용하는 학교 도서관에서도 다른 사람을 배려하는 태도를 갖자는 말로 마무리함.

의견이 들어간 발표문을 쓸 때에는 문제 상황과 해결 방법, 또는 주장과 주장에 대한 근거가 잘 드러나게 써야 해요. 듣는 사람을 설득하기 위한 목적이므로 공감할 수 있는 내용, 실천 가능한 내용이 좋아요.

글로 써 보기 정리한 내용을 바탕으로 발표문을 써 봅니다.

도서관은 우리 모두가 함께 이용하는 공간입니다

처음 안녕하세요. 여러분은 학교 도서관을 이용하면서 불편하다고 느낀 적이 있나요? 저는 지난번 책을 빌리러 갔을 때, 제가 빌리고 싶은 책이 대출 기한이 지났는데도 반납이 되지 않아서 오랫동안 책을 빌리지 못했던 적이 있습니다. 그래서 도서관 이용에 대하여 몇 가지 제안을 하려고 합니다.

가운데 먼저, 빌려 간 책은 대출 기한이 지나기 전에 꼭 반납합시다. 그 책이 필요하거나 읽고 싶어서 기다리고 있는 사람을 배려하여 대출 기한을 꼭 지켜 반납하면 좋겠습니다. 그리고 도서관에서는 큰 소리로 이야기를 하거나 장난을 치지 맙시다. 도서관은 조용히 책을 읽는 곳입니다. 큰 소리로 떠들거나 장난을 치면 책을 읽는 친구들에게 방해가 됩니다. 다른 사람에게 피해를 주는 행동을 하지 맙시다. 마지막으로 도서관에서 빌려 간 책에는 낙서를 하거나 찢고, 구기지 맙시다. 가끔 책이 찢어져 있거나 낙서가 심하게 되어 있어서 책의 내용을 이해하기가 힘들 때가 있습니다. 다른 사람도 함께 보는 책이므로 내 책보다 더 소중하게 다뤄 주세요.

끝 여러분, 도서관을 이용하면서 앞으로 이 세 가지를 꼭 지켜 주세요. 반납 기한 지키기, 도서관에서 떠들지 않기, 도서관 책 소중히 다루기입니다. 조금만 노력하면 모두가 기분 좋게 도서관을 이용할 수 있습니다. 이상으로 저의 발표를 마치겠습니다. 감사합니다.

어떻게 하면 친구들이 발표에 집중할 수 있을지 생각하며, 발표하려는 내용을 빠트리지 않고 쓰도록 해.

생각 모으기 학교생활을 주제로 어떤 내용을 발표하면 좋을지 떠올려 보세요.

친구들에게 이야기하고 싶은 것을 골라 발표 주제로 정해 봐!

주제 정하기 발표 주제를 정하고 발표 대상과 발표 목적을 써 보세요.

발표 주제

발표 대상

발표 목적

내용 정리하기 발표문에 들어갈 내용을 정리해 보세요.

처음

가운데

끝

정리한 내용을 바탕으로 발표문을 써 보세요.

어떻게 하면 친구들이 발표에 집중할 수 있을지 생각하며, 발표하려는 내용을 빠트리지 않고 쓰도록 해.

사회 문제를 주제로 발표문 쓰기

어떻게 쓸까요

자료 살펴보기 다음 자료를 살펴보고 발표 주제를 생각해 봅니다.

- **세계 환경의 날** 1972년 6월 스웨덴에서 열린 '유엔인간환경회의'에서 114개국의 정부 대표가 모여 세계인들의 환경 보전에 대한 중요성을 알리기 위해 개회일인 6월 5일을 세계 환경의 날로 정하였습니다.
- **지구 온난화** 지구의 평균 기온이 높아지는 것을 말합니다. 산업 활동이나 생활하면서 나오는 탄소의 배출량이 증가하면서 이것이 지구를 둘러싸서, 지구 대기의 열이 빠져나가지 못해 지구의 온도가 올라가게 되는 것입니다.
- **탄소 중립** 배출되는 탄소의 양과 다시 흡수되는 탄소의 양을 같게 하여 결국 탄소 배출이 '0'이 되도록 하는 것입니다. '탄소 제로'라고 말하기도 합니다.

> 문제 상황과 관련된 인터넷 기사나 뉴스를 더 찾아보면 발표문을 쓰는 데 도움이 될 거야.

주제 정하기 발표 주제를 정하고 발표 대상, 내용을 정해 봅니다.

발표 주제	탄소 배출을 줄이자

발표 대상	우리 학교 학생들

발표 내용	**탄소 배출을 줄이기 위해 우리가 할 수 있는 일 실천하기** • 계절별 실내 적정 온도 유지하기　• 플라스틱 쓰레기 줄이기 • 쓰지 않는 전기 제품의 코드 뽑기　• 대중교통 이용하기

내용 정리하기 발표문에 들어갈 내용을 정리해 봅니다.

처음	세계 환경의 날에 대한 설명

가운데	우리가 실천할 수 있는 탄소 배출을 줄이는 방법 알려 주기

끝	탄소 배출을 줄여, 지구 환경을 살리자는 내용을 다시 한번 강조하기

💬 자신의 의견을 제시하는 내용으로 발표문을 쓸 때에는 의견이 분명하게 드러나도록 써야 해요. 자신의 의견이 읽는 사람의 공감을 얻기 위해서는 근거가 논리적이고 타당한 내용이어야 해요.

📝 **글로 써 보기** 정리한 내용을 바탕으로 발표문을 써 봅니다.

지구를 살리자

처음 ‘세계 환경의 날’에 대해서 들어 본 적이 있나요? 전 세계 사람들 모두가 환경에 관심을 갖고, 환경 보호를 위해 노력하자는 취지에서 매년 6월 5일을 ‘세계 환경의 날’로 정했습니다. 여러분은 환경 보호를 위해 얼마나 노력하고 있나요?

가운데 우리는 살아가면서 수많은 탄소를 배출합니다. 배출된 탄소 때문에 지구의 열이 대기 밖으로 배출되지 못해 지구 온난화 문제가 생깁니다. 지구의 온도가 올라갈 때마다 폭염, 산불, 가뭄 등의 이상 기후가 나타나고 자연재해가 생깁니다. 그렇다면 탄소 배출을 줄이기 위해 우리는 어떤 노력을 해야 할까요?

먼저 여름철과 겨울철, 실내 적정 온도를 유지합니다. 에어컨이나 난방기를 과도하게 사용하면 전기 에너지가 낭비됩니다. 에너지를 절약하는 일은 탄소 배출을 줄일 수 있는 가장 좋은 방법입니다. 또 쓰지 않는 전기 제품의 코드는 빼 두어야 합니다. 사용하지 않고 꽂아만 두어도 전기 에너지가 사용되기 때문에 전기 제품의 전원을 끄고 코드까지 빼 두는 일을 습관화해야 합니다.

다음으로 할 수 있는 일은 일회용품 사용이나 플라스틱 제품 사용을 줄여 플라스틱 쓰레기 배출을 줄이는 일입니다. 일회용품이나 플라스틱 제품이 만들어지는 과정, 쓰고 버려지는 과정에서도 엄청난 양의 탄소가 배출됩니다.

마지막으로 자동차 대신 대중교통을 이용하고, 가까운 거리는 걸어 다니거나 자전거를 탑시다.

끝 탄소 배출 줄이기, 생각보다 어렵지 않습니다. 주변을 둘러보세요. 낭비되고 있는 에너지가 있지는 않은지, 쓰레기가 불필요하게 만들어지고 있지는 않은지 살펴봅시다. 우리의 작은 실천이 지구를 살릴 수 있습니다.

사회 문제에 대한 발표문에서 의견을 말할 때는 객관적인 자료를 근거로 제시해야 공감을 얻을 수 있어.

🏷 자료 살펴보기 다음 자료를 살펴보고 발표 주제를 생각해 보세요.

> 　지난 1월 아파트 및 공공 주택의 층간 소음 문제로 관련 기관에 접수된 민원이 역대 최다 건수를 기록하였다고 합니다. 층간 소음으로 인한 이웃 간 갈등이 증가하고 있다는 의미입니다. 코로나19가 장기화되면서 온라인 수업이나 재택 근무 등으로 집에 머무는 시간이 많아지고, 층간 소음에 더욱 민감해지면서 층간 소음으로 인한 분쟁이 더 많아지고 있습니다.
>
> 　환경부가 조사한 층간 소음 발생 원인은 67%가 뛰거나 걷는 소리, 망치질이나 공사 소음은 8%, 가구나 가전제품 사용에 따른 소음은 6%로 나타났습니다.
>
> 　층간 소음 문제를 줄이기 위해 2014년부터 법으로 모든 공동 주택의 바닥 두께를 210㎜ 이상으로 하도록 정했지만, 법이 바뀌기 전에 지어진 건물들의 공사를 다시 할 수는 없기 때문에 근본적인 해결책이 되기는 어렵습니다.
>
> 　　　　　　　　　　　　　　　　　　　　　　　　　　　　　　　　– ○○일보, □□□ 기자

🏷 주제 정하기 자료와 관련된 내용으로 발표 주제, 대상, 내용을 정해 보세요.

> 문제 상황과 관련된 인터넷 기사나 뉴스를 더 찾아보면 발표문을 쓰는 데 도움이 될 거야.

발표 주제

발표 대상

발표 내용

🏷 내용 정리하기 발표문에 들어갈 내용을 정리해 봅니다.

처음

가운데

끝

사회 문제에 대한 발표문에서
의견을 말할 때는 객관적인 자료를 근거로
제시해야 공감을 얻을 수 있어.

경제 문제를 주제로 발표문 쓰기

어떻게 쓸까요

자료 살펴보기 다음 자료를 살펴보고 발표 주제를 생각해 봅니다.

물물 교환

농사를 짓기 시작하고, 농기구나 농사 기술이 발전하면서 수확하는 곡식이 늘어나게 되었습니다. 생산량이 늘어나면서 남는 생산물을 교환하여 필요한 다른 물건을 얻기 시작했습니다. 하지만 서로 원하는 물건이 다르거나, 바꾸려는 물건의 값어치가 달라서 교환이 쉽지 않았습니다. 물건을 직접 들고 다니는 것도 어려웠습니다.

물품 화폐

물물 교환의 어려움을 해결하기 위해 조개껍데기나 유리알, 금, 은 등으로 물건의 값을 매기기 시작했습니다. 하지만 크기나 무게가 일정하지 않고, 금이나 은으로 교환하는 경우에는 매번 무게를 재야 하는 등 어려움이 있었습니다.

금속 화폐

물품 화폐의 단점을 해결하기 위해 금속으로 화폐를 만들어서 사용하기 시작했습니다.

주제 정하기 발표 주제를 정하고 발표 대상과 발표 내용을 써 봅니다.

> 주어진 자료 외에 발표 내용에 추가하고 싶은 내용이 있으면 더 찾아봐도 좋아.

발표 주제	화폐가 생기게 된 과정
발표 대상	우리 반 친구들
발표 내용	• 원시 시대의 경제 활동 • 물품 화폐 시대의 경제 활동 • 금속 화폐 시대의 경제 활동

내용 정리하기 발표문에 들어갈 내용을 정리해 봅니다.

처음 화폐가 생기게 된 과정에 대해 설명하려고 함.

가운데 화폐가 생기게 된 과정을 시대 순으로 설명함.

끝 화폐가 탄생하기까지 여러 과정이 있었음을 밝히고 발표를 마무리함.

발표문은 정보를 전달하기 위해 쓸 수도 있고, 자신의 의견을 내세우기 위해 쓸 수도 있어요.

쓴 발표문을 다시 읽어 보면서, 자연스럽지 않은 부분은 없는지, 듣는 사람이 이해하기 어려운 부분은 없는지 찾아봐.

글로 써 보기 정리한 내용을 바탕으로 발표문을 써 봅니다.

화폐가 생기게 된 과정

처음 우리가 사용하는 화폐가 어떻게 만들어지게 되었는지 아시나요? 화폐가 생기게 된 과정에 대해 설명해 드리겠습니다.

가운데 원시 시대에는 사냥이나 채집을 하여 먹을 것을 얻었습니다. 사냥하고 얻은 동물의 가죽으로 옷을 만들어 입고, 동굴에서 잠을 자며 생활했습니다. 필요한 물건은 주변의 자연물을 이용하여 만들어 썼습니다.

농사를 짓기 시작하고, 농기구와 농사 기술이 점점 발달하면서 수확하는 곡식의 양도 늘어났습니다. 사용하고 남은 생산물은 필요한 다른 물건과 교환하기 시작했습니다. 하지만 물물 교환을 하려면 서로 원하는 것이 같아야 하는데 그렇지 않은 경우가 많았습니다. 나는 쌀을 주고 생선을 얻고 싶은데, 상대방은 생선을 주고 고기를 얻고 싶다면 교환이 이루어질 수 없겠지요. 그리고 물물 교환을 하려면 물건을 직접 들고 다니면서 만나서 거래를 해야 해서 쉽지 않았습니다. 또한 생각하는 물건의 가치가 다르면 거래가 이루어질 수 없었습니다.

사람들은 물물 교환의 문제점을 해결할 방법으로 조개껍데기, 유리알과 같은 물건으로 값을 매겨 물건을 사고 팔았습니다. 이런 물건들을 물품 화폐라고 합니다. 물품 화폐는 크기나 모양이 달라 일정한 기준을 찾기가 어렵고, 지역마다 사용하는 물품 화폐가 다르다는 문제도 있었습니다.

사람들은 이런 물품 화폐의 단점을 해결하기 위해 금속으로 화폐를 만들어 사용하기 시작했습니다. 이것이 우리가 지금 사용하는 화폐의 시초입니다.

끝 화폐가 생기게 된 과정을 알게 되니 재미있지 않나요? 저는 우리가 무심코 사용하는 화폐가 이런 과정으로 탄생하게 되었다는 점이 무척 흥미로웠습니다. 편하게 어디서나 쓸 수 있는 화폐가 탄생하기까지 여러 과정이 있었다는 것을 다시 한번 말씀드리면서 발표를 마치겠습니다. 감사합니다.

자료 살펴보기 다음 자료를 살펴보고 발표 주제를 생각해 보세요.

> 얼마 전, 한 초등학생이 주식으로 1,000만 원이 넘는 돈을 벌었다는 내용이 알려지면서 화제가 되었습니다. 그 학생은 부모님과 함께 TV를 보다가 한 경제 전문가의 의견을 듣고 주식을 시작하기로 결심했다고 하였습니다. 그동안 저금해서 모아 둔 돈을 찾아 주식 투자를 했고, 지금까지 높은 수익률을 내고 있다고 하였습니다.
>
> 어린 학생들에게 주식 투자 열풍이 불고 있습니다. 5대 증권사의 미성년 신규 주식 계좌 개설 수가 급증하였고, 학생들을 대상으로 하는 주식 투자 특강 수업도 늘어나고 있습니다. 한 주식 투자 전문가는 "학생들의 주식 투자를 나쁘게만 볼 수는 없다. 학생들에게 실질적인 경제 교육이 필수인 시대이다. 그러나 아직 가치관과 인성이 모두 형성되지 않은 학생들에게 투자에 뛰어들도록 하는 것이 과연 옳은가에 대해서는 생각해 봐야 할 일이다."라고 우려 섞인 말을 하였습니다.

주제 정하기 발표 주제를 정하고 발표 대상과 발표 내용을 써 보세요.

> 주어진 자료 외에 발표 내용에 추가하고 싶은 내용이 있으면 더 찾아봐도 좋아.

발표 주제

발표 대상

발표 내용

내용 정리하기 발표문에 들어갈 내용을 정리해 보세요.

처음

가운데

끝

✎ **글로 써 보기** 정리한 내용을 바탕으로 발표문을 써 보세요.

> 쓴 발표문을 다시 읽어 보면서, 자연스럽지 않은 부분은 없는지, 듣는 사람이 이해하기 어려운 부분은 없는지 찾아봐.

과학 문제를 주제로 발표문 쓰기

어떻게 쓸까요

자료 살펴보기 다음 자료를 살펴보고 발표 주제를 생각해 봅니다.

1 환경 호르몬

- 환경 호르몬이 우리 몸에 들어가면 우리 몸속 기관들은 제 기능을 하지 못하게 된다.
- 우리가 일상생활 속에서 사용하는 플라스틱, 일회용품, 영수증 등 수많은 물건에서 환경 호르몬이 검출되고 있다.

2 환경 호르몬이 우리 몸에 미치는 영향

환경 호르몬들은 우리 몸에서 호르몬이 정상적으로 분비되는 것에 영향을 주어 성조숙증이나 난임과 같은 문제를 일으킨다. 집중력이나 기억력이 감소하고, 당뇨, 비만, 암과 같은 여러 질병을 일으키는 원인이 된다.

3 환경 호르몬을 줄이는 방법

- 환경 호르몬이 나오는 물건의 사용을 줄이고, 친환경 용품들을 사용하기
- 플라스틱 그릇을 되도록 사용하지 않고, 유리 용기나 그릇 사용하기

주제 정하기 발표 주제를 정하고 발표 대상과 발표 내용을 써 봅니다.

발표 주제 ●── 환경 호르몬

발표 대상 ●── 우리 학교 학생들

발표 내용 ●──
- 환경 호르몬이란 무엇인가
- 환경 호르몬이 우리 몸에 미치는 영향
- 환경 호르몬을 줄일 수 있는 방법

내용 정리하기 발표문에 들어갈 내용을 정리해 봅니다.

처음 ▶ 발표 대상을 밝힘.

가운데 ▶ 환경 호르몬의 개념, 우리 몸에 미치는 영향, 줄이는 방법을 설명함.

끝 ▶ 환경 호르몬의 유해성을 다시 한번 강조하며 마무리함.

알리고 싶은 내용이나 의견을 중심으로 발표문을 쓸 때에는 전달하려는 내용이 분명히 드러나도록 알기 쉬운 말로 간결하게 써야 해요. 또 내용은 '처음-가운데-끝'으로 구성하는 것이 좋아요.

글로 써 보기 정리한 내용을 바탕으로 발표문을 써 봅니다.

환경 호르몬, 얼마나 알고 있나요?

처음 　신문 기사나 뉴스에서 환경 호르몬에 대한 이야기를 한 번쯤 들어 보았을 것입니다. 그렇다면 여러분은 환경 호르몬에 대해 얼마나 알고 있나요? 환경 호르몬이 무엇인지, 우리가 왜 관심을 가져야 하는지 알려 드리려고 합니다.

가운데 　환경 호르몬은 플라스틱이나 일회용품, 캔, 영수증 등 우리가 사용하는 물건에서 나오는 것으로, 우리 몸에 들어가서 호르몬과 비슷한 작용을 합니다. 우리 몸에서 호르몬을 만드는 기관들은 환경 호르몬이 몸에 들어오면, 혼란스러워져서 정상적으로 호르몬을 분비하지 못합니다. 그래서 환경 호르몬을 가짜 호르몬이라고도 합니다.

　환경 호르몬은 우리 몸속에서 정상적인 호르몬 분비 체계를 깨트려서 다양한 질병을 일으킵니다. 당뇨, 비만, 암과 같은 무서운 질병의 원인이 되고, 성조숙증이나 난임이 생기게 합니다. 또 집중력이나 기억력을 저하시키기도 합니다.

　이렇게 무서운 환경 호르몬, 어떻게 피할 수 있을까요? 환경 호르몬은 우리 눈에 보이지 않고, 어떤 물질에서 얼마나 나오는지 정확히 알 수 없기 때문에 더욱 조심해야 합니다. 플라스틱으로 만들어진 제품이나 일회용 용기에 뜨거운 음식을 담아 먹게 되면 환경 호르몬도 함께 먹게 됩니다. 따라서 플라스틱이나 일회용 용기 사용을 줄이고, 그 용기에 뜨거운 음식을 담아 먹지 않도록 합니다. 그리고 샴푸나 화장품 등 피부에 직접 닿는 제품들을 고를 때에는 인체에 해로운 화학 성분이 없는지 확인하고 구입해야 합니다.

끝 　무심코 사용하던 물건들에서 우리 몸에 해로운 물질이 나올 수 있다는 사실, 너무 무섭지 않나요? 오늘부터 내가 사용하는 물건들에서 환경 호르몬이 나올 수 있다는 사실을 인식하고 우리 몸을 환경 호르몬으로부터 보호합시다. 이상으로 발표를 마치겠습니다. 감사합니다.

◯ 자료 살펴보기 다음 자료를 살펴보고 발표 주제를 생각해 보세요.

- **전염병**: 바이러스나 세균, 곰팡이 등으로 인해 생기는 감염병 중에서 동물이나 음식물, 혈액이나 침, 공기 등에 의해 다른 사람에게 옮을 수 있는 병.
- **페스트**: 페스트균이 일으키는 전염병. 감염 속도가 빠름. 살덩이가 썩어서 검게 되기 때문에 흑사병으로도 불림. 주로 쥐에 붙어사는 페스트균을 가진 벼룩에 의해 감염됨.
- **천연두**: 공기를 통해 쉽게 전염됨. 16세기에 스페인 군대가 아즈텍 제국을 정복하는데 영향을 줌. 천연두에 걸린 스페인 병사가 아즈텍 원주민에게 천연두를 옮겼고, 면역이 없었던 원주민들이 천연두로 죽게 되면서 스페인이 아즈텍을 쉽게 정복함.
- **스페인 독감**: 1차 세계 대전 중에 스페인 독감이 퍼졌는데, 전쟁 후 각국으로 돌아간 군인들에 의해 전 세계로 퍼짐. 2,500만 명이 넘는 사람들이 스페인 독감으로 목숨을 잃음.

◯ 주제 정하기 발표 주제를 정하고 발표 대상과 발표 내용을 써 보세요.

발표 주제

발표 대상

발표 내용

◯ 내용 정리하기 발표문에 들어갈 내용을 정리해 보세요.

처음

가운데

끝

1 다음에서 설명하는 글의 종류는 무엇인지 쓰세요.

> 알리고 싶은 내용을 전달하거나 어떤 주제에 대한 생각이나 의견을 발표하기 위해 쓰는 글입니다. 어떻게 하면 전달하려는 내용을 분명하게 전달할 수 있을지, 듣는 사람이 쉽게 이해할 수 있을지 생각하며 써야 합니다.

(   )

2 발표문을 쓰기 전에 고려해야 할 사항으로 알맞은 것에 ○표 하세요.

(1)   발표를 들을 사람이 누구인가?   (   )

(2)   내가 가장 감명 깊게 읽은 책은 무엇인가?   (   )

(3)   어떤 내용을 발표할 것인가?   (   )

(4)   우리 반에서 가장 발표를 잘하는 사람이 누구인가?   (   )

3 발표문을 쓸 때 주의할 점으로 알맞은 것에 모두 ○표 하세요.

(1)   발표 내용이 잘 전달될 수 있도록 명확하게 쓴다.   (   )

(2)   발표를 들을 대상에 맞는 수준의 낱말을 사용하여 쓴다.   (   )

(3)   발표 내용과 관련이 없더라도 중요하다고 생각되는 내용은 모두 쓴다.   (   )

 얼마예요?

🐦 꽃말에 대해 발표하기 위해 만들어 온 꽃다발의 꽃 가격은 얼마인지 써 보세요.

힌트: 각각의 꽃 한 송이의 가격을 먼저 구해 보세요.

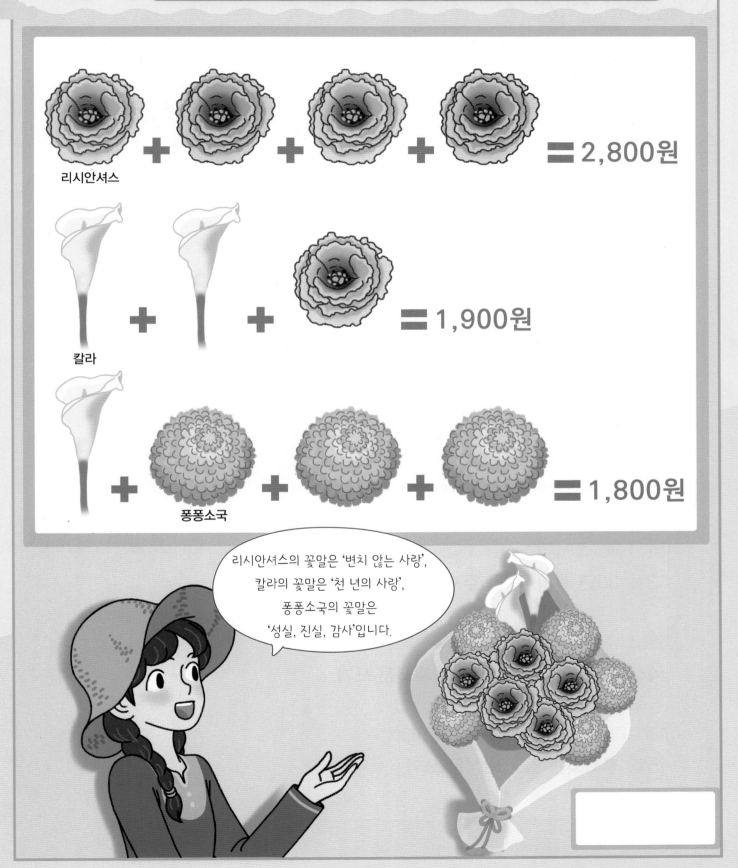

리시안셔스 ＋ ＋ ＋ ＝ 2,800원

칼라 ＋ ＋ ＝ 1,900원

＋ 퐁퐁소국 ＋ ＋ ＝ 1,800원

리시안셔스의 꽃말은 '변치 않는 사랑',
칼라의 꽃말은 '천 년의 사랑',
퐁퐁소국의 꽃말은
'성실, 진실, 감사'입니다.

3주차

다양한 형식의 자서전

무엇을 쓸까요

자서전은 나의 삶을 기록으로 남긴 글이에요. 나의 특별한 경험이나 감정, 생각 등을 글로 남기면 자신의 삶을 되돌아볼 수 있고, 오래 기억할 수 있어요. 나의 삶을 다른 사람들과 함께 공유할 수도 있어요.

자서전은 위인이나 유명한 사람만 쓰는 글이 아니라 누구나 쓸 수 있는 글이에요. '나'의 자서전을 쓰는 것, 꽤 멋진 일처럼 생각되지 않나요?

기본 형식의 자서전 쓰기

어떻게 쓸까요

자서전이란? **자서전**과 **전기문** 모두 인물의 삶에 대해 쓴 글이에요. 자서전은 '내가 나의 삶에 대해 쓴 글'이고, 전기문은 '다른 사람의 삶에 대해 쓴 글'이라는 점에서 큰 차이가 있어요. 자서전은 글쓴이의 경험과 생각을 바탕으로 직접 쓰기 때문에 주관적인 내용이 대부분이지만, 전기문은 객관적인 자료를 바탕으로 써요.

인생 돌아보기 자신의 인생을 되돌아보며 중요 사건을 표로 정리해 봅니다.

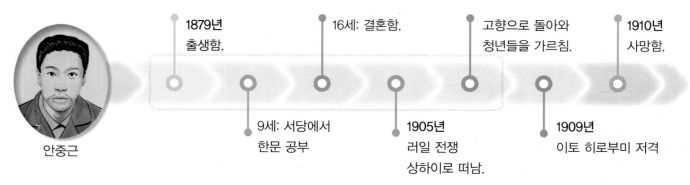

안중근

- 1879년 출생함.
- 9세: 서당에서 한문 공부
- 16세: 결혼함.
- 1905년 러일 전쟁 상하이로 떠남.
- 고향으로 돌아와 청년들을 가르침.
- 1909년 이토 히로부미 저격
- 1910년 사망함.

내용 정리하기 각 부분의 중심 내용을 정리하며 자서전의 특징이 무엇인지 생각해 봅니다.

1
- 1879년에 태어남.
- 9세까지 서당에서 한문을 공부함.
- 사냥을 좋아해서 사냥꾼을 따라다님.

> 안중근 의사가 언제, 어떤 일을 겪었는지, 무엇을 했는지 살펴보면 돼.

2
- 16세에 결혼함.
- '친구와 의롭게 지내는 것, 춤추고 노래하는 것, 사냥하는 것, 말을 타고 달리는 것' 네 가지 일을 좋아함.

3
- 1905년 러일 전쟁이 일어남.
- 일본의 음모를 깨닫고, 상하이로 떠남.

4
- 우연히 곽 신부를 만남.
- 곽 신부의 말을 듣고 다시 고향으로 돌아가 삼흥학교와 돈의학교를 세움.

자서전은 나의 삶을 되돌아보며 쓴 글이에요. 자신의 삶에서 기억하고 싶은 경험이나 감정들을 시간 순서대로 쓰기도 하고, 그동안 썼던 일기나 편지글 등을 모아 자서전으로 만들기도 해요.

자서전은 시간 순서에 따라 중요한 경험을 골라서 써.

자서전 읽어 보기 안중근 의사의 자서전을 읽어 보고 자서전의 특징을 알아봅니다.

1 ▶ 나는 1879년 9월, 대한민국 황해도에서 태어났다. 어렸을 때는 할아버지, 할머니의 사랑을 듬뿍 받으며 자랐고, 서당에 들어가 9세까지 한문을 공부했다.

어렸을 때는 사냥이 좋아 항상 사냥꾼을 따라다녔다. 총을 메고 산에 올라가 짐승들을 사냥하는 것이 즐거웠다. 공부를 열심히 하지 않는다고 부모님과 선생님께서 나무라셨지만, 사냥을 포기할 수 없었다.

2 ▶ 16세가 되던 해 아내와 결혼했다. 17, 18세에는 기골이 장대하여 무슨 일이든지 남에게 뒤지지 않았다. 좋아하는 네 가지 일이 있었는데, 첫째는 친구와 의롭게 지내는 것, 둘째는 춤추고 노래하는 것, 셋째는 사냥하는 것, 넷째는 말을 타고 달리는 것이었다.

하루는 친구들과 노루 사냥을 하는데 탄환이 총구멍에 걸려 쇠꼬챙이로 마구 쑤셨더니, "쾅." 하는 소리와 함께 탄환이 폭발하여 쇠꼬챙이가 내 손을 뚫고 날아가 버렸다. 바로 병원으로 가서 치료를 받아 큰 문제는 없었지만, 아직도 그때 일을 떠올리면 등골이 오싹해진다.

3 ▶ 1905년, 25세 되던 해에 인천 앞바다에서 일본과 러시아의 전쟁이 일어났다는 소식이 들려왔다. 그때 나는 신문, 잡지와 각국 역사를 읽고 과거와 현재, 미래의 일들을 추측하곤 했다. 러일 전쟁이 끝난 뒤에, 이토 히로부미가 우리나라로 건너와 정부를 위협하고 강제 조약을 맺었다.

"일본이 러시아와 전쟁을 시작할 때, '동양의 평화를 유지하고 대한의 독립을 굳건히 하겠다.'라고 약속하였으나, 그 약속을 지키지 않고 음흉한 책략을 계획하고 있는데 그것은 일본의 정치가인 이토의 생각입니다. 강제로 조약을 맺고, 우리 땅을 삼키려는 것이 그들의 음모입니다. 소식을 들으니 산둥과 상하이 등지에 대한인들이 많이 살고 있다고 합니다. 우리 집안도 그곳으로 옮겨 살다가 후일을 도모하는 것이 어떻겠습니까?"

나는 아버지께 이렇게 말씀드리고, 곧 길을 떠나 상하이로 갔다. 여러 대한인을 만나 뜻을 함께하자고 이야기했지만 모두 거절했다.

4 ▶ 비통함에 잠겨 있던 어느 날, 우연히 곽 신부를 만났다. 곽 신부는 프랑스 사람으로 여러 해 동안 국내에 머물며 황해도 지방에서 전도를 하고 있었기 때문에 나와 절친한 사이였다. 곽 신부는 나에게 본국으로 돌아가 교육을 장려하고, 경제를 일으키고, 민심을 단합한 후에 목적을 달성할 수 있을 것이라고 조언했다. 곽 신부의 말을 듣고 다시 고향으로 돌아가 1906년, 삼흥학교와 돈의학교를 세워 재주가 뛰어난 청년들을 가르치기 시작했다.

내용 떠올리기 지난 일주일 동안의 '나'의 삶에 간단히 써 보세요.

> **자서전을 쓰기 전에** 자서전은 '나의 삶에 대한 기록'이에요. 나의 생활 속에서 체험한 이야기를 적은 글이나 일기, 편지를 모아서 자서전으로 쓸 수 있어요. 생활문 쓰기 연습을 하면 자서전을 좀 더 잘 쓸 수 있어요. 그럼 일주일 동안 있었던 일 중에 기억에 남는 일을 떠올려 쓰면서 자서전 쓰는 연습을 해 보세요.

월	화	수	목	금	주말
개학	학급 임원 선거	미술 학원 등록	숙제를 놓고 학교에 감.	삼촌이 집에 옴.	가족 여행을 감.

> 자서전은 주인공과 글쓴이가 같은 인물이야.

글감 정리하기 글감 찾기를 해 봅시다. 위에서 정리한 일 중에서 의미 있다고 생각되는 일을 2~3가지 골라 자세히 써 보세요.

1

2

3

정리한 일을 시간 순서대로 써 봐. 내용이 바뀔 때는 문단 나누기를 하면 읽는 사람이 더 쉽게 읽을 수 있어.

지금까지의 '나'를 주제로 자서전 쓰기

어떻게 쓸까요

'나'에 대해 생각해 보기 지금까지의 '나'를 생각하며 떠오르는 내용을 써 봅니다.

내가 세상과 만난 날

- 2010년 12월 28일
- 서울에서 태어났음.
- 눈이 많이 오는 겨울날

나에게 영향을 많이 준 사람

- 엄마
- 엄마는 나와 가장 많은 시간을 보내고 대화도 많이 하기 때문임.
- 고민이나 걱정을 해결할 때 도움을 주기 때문임.

즐겁고 기뻤던 일

- 가족과 함께 일본으로 여행 갔던 일
- 초등학교에 입학하던 날
- 친구들과 생일 파티를 했던 일

슬프고 힘들었던 일

- 외할머니가 돌아가셨을 때
- 친구가 전학 갔을 때

되돌리고 싶은 일

- 친구와 싸우고 화해하지 못했던 일

💬 자서전을 쓰면 나의 삶을 돌아볼 수 있어요. 나에게 의미 있는 일들을 기록으로 남길 수 있고, 다른 사람들과 공유할 수 있어요.

🏷 **자료 준비하기**   '나'에 대해 생각해 볼 것 중 다음의 물음에 답하며 자서전으로 쓸 내용을 정리해 봅니다.

1 **내가 태어난 날은 언제인가요?**

↳ 2010년 12월 28일 서울에서 태어났다.

2 **나의 삶에 가장 크게 영향을 준 사람은 누구인가요? 왜 그렇게 생각하나요?**

↳ 우리 엄마이다. 엄마는 나랑 가장 많은 시간을 보내고 대화도 많이 하기 때문이다. 고민이나 걱정이 생기면 엄마랑 의논하면서 해결하기도 한다.

3 **가장 즐거웠던 경험을 떠올려 보세요. 언제, 누구와 있었던 일인가요?**

↳ 일곱 살 때 가족들과 일본 여행을 갔던 일이다. 처음 갔던 해외여행이라 더 기억에 남는다.

4 **가장 힘들었던 일은 무엇인가요? 왜 힘들었나요?**

↳ 외할머니가 돌아가셨을 때 너무 슬펐다. 외할머니는 어렸을 때 나를 돌봐 주셨는데, 내가 4학년 때 돌아가셨다. 할머니를 다시는 만날 수 없다는 생각을 하니 너무 슬퍼서 며칠 동안이나 울었다.

5 **가장 후회되는 일은 무엇인가요? 시간을 되돌린다면 어떻게 하고 싶나요?**

↳ 5학년 때 친구 지연이와 싸웠던 일이다. 그때 이후로 지연이와 사이가 예전 같지 않은데, 내가 조금만 더 지연이의 입장을 이해해 줄 걸 그랬다는 생각이 든다. 그랬다면 지금도 예전처럼 지연이와 잘 지내고 있을 것이다.

태어난 날의 계절이나 날씨, 가족들의 기분은 어땠는지 부모님께 여쭈어 보고 자세히 써 봐!

사건 정리하기 '나'의 삶을 되돌아보며 중요한 사건을 시간 순서대로 정리해 봅니다.

2010년	5살	7살	8살	11살	주말
태어남.	겁이 많았음.	가족과 해외 여행을 감.	초등학교에 입학함.	외할머니께서 돌아가심.	가족 여행

> 어렸을 때부터 지금까지 겪은 일 중에서 기억에 남는 것을 골라 써 봐! 그 일을 겪고 난 후 달라진 점, 생각의 변화 등을 함께 쓰면 더 좋아.

1 태어났을 때부터 다섯 살 때까지의 이야기

• 내가 태어난 날은 눈이 많이 오는 겨울날이었다. 나를 처음 본 외할머니는 내가 엄마 어렸을 때와 너무 닮아 놀라셨다고 한다.

• 어렸을 때는 겁이 많았다. 다섯 살까지 마당이 있는 집에 살았는데, 마당에 고양이나 새만 있어도 겁을 내면서 무서워했다.

• 앞집에 사는 친구 재훈이와 매일같이 싸웠다. 재훈이는 장난이 심해서 나를 괴롭히는 일이 많았다.

2 일곱 살 때부터 초등학교 5학년 때까지의 이야기

• 일곱 살 때, 가족과 일본으로 여행을 갔다. 처음 타 보는 비행기도 너무 신기했고, 그때 갔던 아쿠아리움도 너무 신기했다.

• 처음 학교에 입학하던 날, 무척 긴장되고 설레었다. 담임 선생님의 첫인상이 너무 무서워서 더욱 긴장되었다.

• 2학년 때 가장 기억에 남는 일은 내 생일날에 친구들을 우리 집에 초대한 것이다. 친구들에게 선물도 받고 엄마가 차려 주신 맛있는 음식도 먹었다.

• 4학년 때는 내가 가장 좋아하는 외할머니께서 돌아가셨다. 어렸을 때 외할머니와 많은 시간을 보냈고, 외할머니께서 나를 엄청 예뻐해 주셨는데 이제는 만날 수 없다고 생각하니 정말 슬펐다.

3 초등학교 5학년부터 현재까지의 이야기

• 5학년 때, 단짝이었던 지연이와 싸웠다. 서로 오해가 생겼는데 잘 풀지 못하고 결국 지금까지 서먹한 상태로 지내고 있다. 시간을 되돌린다면 지연이와 오해를 잘 풀고 싶다.

• 6학년 시절은 나에게 가장 즐거운 시간이었다. 선생님도 친구들도 모두 좋았고, 즐거운 일들도 많았다. 졸업하던 날 친구들과 엉엉 울었는데 중학교에 가더라도 자주 연락하며 지내고 싶었다.

정리한 내용을 바탕으로 '13살 나의 인생'을 주제로 자서전을 써 보세요.

30년 후의 '나'를 주제로 자서전 쓰기

어떻게 쓸까요

'나'의 미래에 대해 생각해 보기 30년 후의 '나'를 상상해 보며 떠오르는 내용을 써 봅니다.

1년 후 나의 모습
- 주말마다 등산을 다녀서 체력이 좋아져 있을 것이다.
- 키가 많이 컸을 것이다.
- 책을 많이 읽을 것이다.
- 중학교 친구들과도 잘 지내고 있을 것이다.

고등학생 때 나의 모습
- 영어를 좋아하는 친구들과 함께 영어 동아리를 만들어 영어 공부를 하고 있을 것이다.
- 공부도 열심히 하고, 한 달에 한 번씩 주말에는 유기견 보호 센터에서 봉사 활동을 할 것이다.

20대가 된 나의 모습
- 대학생이 되어 즐겁게 학교생활을 하고 있을 것이다.
- 아르바이트를 해서 모은 돈으로 방학에는 친구들과 해외여행도 다닐 것이다.
- 대학교 2학년 때는 학교를 휴학하고 외국 생활을 하고 있을 것이다.
- 대학교를 졸업한 후에는 대학원에서 통번역을 공부하고 있을 것이다.
- 대학원 졸업 후에는 통역사가 되어 일하고 있을 것이다.

30대가 된 나의 모습
- 결혼을 하고 아이도 한 명 낳아서 세 식구가 행복하게 살고 있을 것이다.
- 통역사로도 열심히 일하면서 해외 출장도 자주 다니고, 여행도 많이 할 것이다.

40대가 된 나의 모습
- 통역사로 유명해져 통역사의 직업에 대해 알려 주기도 하고, 통역사가 되려면 어떤 노력을 해야 하는지 등을 여러 사람 앞에서 강연하고 있을 것이다.
- 지금까지 살아온 나의 삶에 대해 쓴 자서전을 책으로 펴낼 것이다.

🏷️ 30년 후라고 가정하고, 2회에서 쓴 자서전에 이어 뒷이야기를 써 봅니다.

각 나이대별로 초반, 중반, 후반으로
나누어 어떤 모습일지 생각해 봐. 해당 나이가
되었을 때 이루고 싶은 일은 무엇인지, 친구나 가족 등
주변 사람들과는 어떻게 지내고 있을지 말야.

🏷️ **자료 준비하기** '나'의 미래에 대해 생각해 본 것 중, 다음 물음에 답하며 자서전으로 쓸 내용을 정리해 봅니다.

1 **1년 후의 나의 모습은 어떨까요?**

> 주말마다 등산을 다녀서 체력이 아주 좋아져 있을 것이다. 키도 지금보다 더 컸을 것이고, 책도 많이 읽을 것이다. 중학교에 와서 알게된 친구들과도 잘 지내고 있을 것 같다.

2 **고등학생 때 나의 모습은 어떨까요?**

> 나는 영어를 좋아하는 친구들과 함께 영어 동아리를 만들어 영어 공부를 하고 있을 것이다. 가고 싶은 대학교에 들어가기 위해 공부도 열심히 하고, 한 달에 한 번씩 주말에는 유기견 보호 센터에서 봉사 활동을 할 것이다.

3 **20대가 된 나의 모습은 어떨까요?**

> 20대 초반에는 대학생이 되어 즐겁게 학교생활을 하고 있을 것이다. 아르바이트를 해서 모은 돈으로 방학에는 친구들과 해외여행도 다닐 것이다. 대학교 2학년 때는 학교를 휴학하고 미국이나 호주에서 한 학기 정도 생활을 할 것이다. 20대 중반에는 대학교를 졸업하고 대학원에 가서 통역과 번역을 공부할 것이다. 대학원까지 졸업하고 나는 통역사가 되어 일하고 있을 것이다.

4 **30대가 된 나의 모습은 어떨까요?**

> 30대 초반에는 결혼을 해서 가정을 이룰 것이다. 통역사로도 열심히 일하고, 아이도 한 명 낳아서 세 식구가 행복하게 살고 있을 것이다. 통역사로 일하면서 해외 출장도 자주 다니고, 여행도 많이 할 것이다.

5 **40대가 된 나의 모습은 어떨까요?**

> 40대에는 통역사로 유명해져 사람들에게 강연을 하러 다닐 것이다. 통역사의 직업에 대해 알려 주기도 하고, 통역사가 되려면 어떤 노력을 해야 하는지 등을 여러 사람들 앞에서 강연하고, 지금까지 살아온 나의 삶에 대해 쓴 자서전을 책으로 펴낼 것이다.

사건 정리하기 정리한 내용을 바탕으로 30년 후의 '나'라고 가정하고 중요한 사건을 시간 순서대로 써 봅니다.

1 10대

- 내가 중·고등학교 때 가장 좋아하는 과목은 영어였다. 영어로 된 소설을 읽거나 미국 드라마를 즐겨 보았다.
- 고등학교 때에는 나와 취미가 비슷한 친구들과 동아리를 만들어 함께 모여서 공부했다.
- 대학교에 가서도 영어를 전공하고, 통역사가 되고 싶다는 생각을 했다.

2 20대

- 고등학교를 졸업하고 외국어대학교 영어과에 입학했다.
- 1학년 여름 방학에는 친한 친구와 미국으로 여행을 다녀왔다. 한 달 동안 미국의 유명한 곳들을 여행하며 보고 느낀 것이 참 많았다.
- 대학교 2학년을 마치고, 미국으로 교환 학생으로 떠났다. 외국인 친구도 많이 사귀었다.
- 대학교를 졸업하고 통번역대학원에서 공부하면서 본격적으로 통역사가 되기 위한 준비를 했다. 힘들어서 포기하고 싶은 순간이 많았지만 통역사가 되겠다는 꿈을 가지게 되었던 순간을 기억하며 열심히 공부했다.

3 30대

- 통역사로 열심히 일하며 경력을 쌓았다. 다양한 분야의 통역을 맡으면서 아는 것도 많아지고, 점점 일할 때 자신감이 생겼다.
- 32살에는 결혼을 해서 가정을 이루었다. 결혼한지 3년째가 되던 해에 이쁜 딸을 낳았다. 아이를 키우는 일은 생각보다 더 힘들었다.
- 잠시 일을 쉬면서 아이와 함께 제주도 한 달 살기를 했다. 그동안 너무 바쁘게 살면서 힘들었는데, 제주도에서 지내는 동안 마음도 편해지고 여유가 생겼다.
- 앞으로는 너무 바쁘게만 살지 말고 여유를 즐기며 살아야겠다고 다짐하는 계기가 되었다.

4 40대

- 40대가 되어서 일 주일에 꼭 두 권 이상의 책을 읽자는 목표를 세웠다. 바쁘다는 핑계로 독서를 소홀히 했는데, 넓은 분야의 다양한 사람들을 만나며 일하다 보니 지금보다 더 많이 공부해야겠다는 생각이 들었기 때문이다.
- 책을 읽으면서 내 삶에 대한 책을 한 권 써보고 싶다는 꿈도 생겼다. 책을 쓰겠다는 꿈이 생긴 이후, 하루하루를 기록으로 남겼다. 기록으로 남겨야 내 삶을 더 자세히 기억할 수 있겠다고 생각했기 때문이다.
- 대수롭지 않은 일상에서도 내가 어떤 감정을 느꼈는지, 어떤 생각을 했는지 자세히 기록하고 있다.

> 각 나이에서 꼭 해보고 싶은 경험은 무엇인지, 어떤 것을 이루고 싶은지 생각하며 써 봐. 지금이 30년 후라고 생각하고, 과거에 있었던 일처럼 쓰면 더 실감나게 쓸 수 있어.

글을 크게 세 부분으로
나누어 쓰고, 글의 시작과 마무리를
어떻게 하면 좋을지도 생각해서
쓰도록 해!

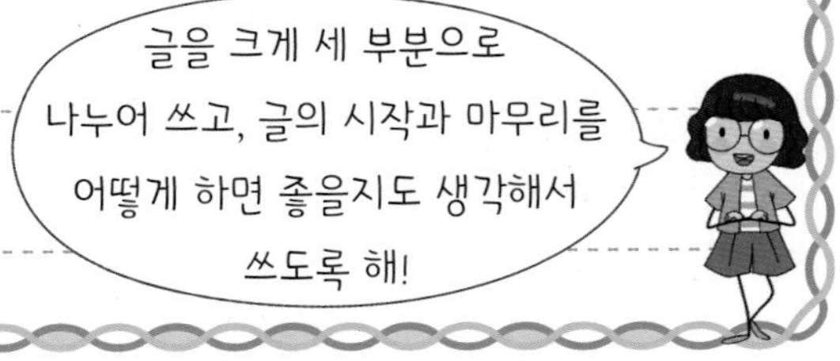

'나'의 직업을 가정하여 자서전 쓰기

어떻게 쓸까요

특정한 직업을 가지고 일을 하면서 겪은 경험이나 생각, 의견을 쓴 책이라는 공통점이 있어!

🏷 **자료 살펴보기** 『백범일지』나 『안중근 자서전』처럼 위인들의 자서전도 있지만, 평범한 사람들의 자서전도 많습니다. 태어나서 지금까지의 일을 전체적으로 쓰기도 하고 특정한 시기를 자세하게 쓰기도 합니다. 다음 자서전을 살펴보세요.

『나는 간호사, 사람입니다』
김현아(2018)

20년 이상 간호사라는 직업을 갖고 살았던 글쓴이가 간호사로 일하는 동안의 일을 기록으로 남긴 책입니다. 간호사라는 직업을 통해 느낄 수 있는 고민, 갈등 등을 알 수 있습니다.

『개를 안다고 생각했는데』
홍수지(2019)

글쓴이가 수의사로 일하면서 겪었던 일과 직접 반려견을 키우면서 생각한 것을 쓴 책입니다. 반려견을 키우는 사람들이라면 겪을 수 있는 어려움이나 고민을 알 수 있는 책입니다.

『일개미 자서전』
구달(2017)

취업 후 회사원으로 일하던 자신의 생활 이야기를 쓴 책입니다. 회사원이라면 누구나 공감할 수 있는 이야기를 담아 읽는 사람들에게 즐거움과 위로가 되어 주는 책입니다.

�💬 일상생활 속의 경험과 생각, 느낌을 자유로운 형식으로 쓰는 글을 수필이라고 해요. 자신의 바람과 희망을 담아 자유롭게 글을 써 보도록 해요.

3주차
1회
2회
3회
4회
5회

🖊 자료 정리하기 미래에 내가 하고 싶은 일을 생각하여 자서전을 쓸 준비를 해 봅니다.

1 내가 하고 싶은 일이나 갖고 싶은 직업은 무엇인가요?

↳ 나는 배구 선수가 되고 싶다. 프로 팀에 들어가서 선수로 활약하고, 국가 대표가 되어 올림픽에도 참가하고 싶다.

2 **1** 에서 답한 일에 대해 내가 알고 있는 것은 무엇인가요?

↳ 여자 배구 선수가 되는 것은 쉽지 않다는 점, 아직 여자 배구에 대한 사람들의 인지도가 높지 않다는 점, 배구 선수가 되려면 키도 크고 체력도 좋아야 한다는 점이다.

3 **1** 의 꿈을 갖게 된 이유나 계기가 무엇인가요?

↳ 부모님을 따라서 배구 경기를 직접 보러 간 적이 있었다. 그때는 배구 경기의 규칙도 잘 몰라서 재미없을 것 같다는 생각을 하며 따라갔는데, 막상 실제로 경기를 보니 긴장감 넘치고 재미있었다. 키가 큰 배구 선수들이 팔을 쭉쭉 뻗어 공을 치는 모습이 정말 멋있었다. 나도 키가 큰 편이고 운동을 좋아해서 배구 선수가 되어야겠다고 그때 다짐했다.

4 꿈을 이루기 위해 나는 지금까지 어떤 노력을 했나요?

↳ 주말이나 평일 오후에는 체력을 기르기 위해 운동을 한다. 주말에는 주로 부모님과 등산을 하고, 평일에는 집 앞 운동장에서 달리기를 한다. 키도 커야겠다는 생각에 음식을 가리지 않고 골고루 잘 먹으려고 노력한다.

5 꿈을 이루기 위해 앞으로 어떤 노력을 할 것인가요? 앞으로의 계획은 무엇인가요?

↳ 배구 선수가 되려면 어떤 학교에 진학해야 하는지 알아보고, 그 학교에 진학하기 위한 노력을 할 것이다. 배구 시즌에는 프로 선수들의 경기도 열심히 보면서 배울 것이다. 체력을 기르기 위해 운동을 소홀히 하지 않고, 유명한 프로 배구 선수들이 어떤 과정을 거쳐 지금의 자리에 있는지도 찾아볼 것이다. 고등학교를 졸업하고 프로 배구단에 입단하는 것이 나의 1차 목표이다.

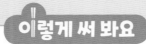

개요 짜기 앞에서 정리한 내용을 바탕으로 글의 개요를 짜 봅니다.

처음 글을 쓰게 된 동기 – 배구 선수가 되어야겠다고 마음먹은 계기

　내가 처음 배구 선수가 되기로 결심한 것은 초등학교 4학년 때의 일이다. 평범한 주말이었는데 부모님께서 우연한 기회에 나를 데리고 프로 배구 경기를 보러 가셨다. 코트에서 멋지게 뛰던 선수들처럼 나도 그런 배구 선수가 되겠다고 다짐했다.

가운데 초등학교, 중학교 때 노력했던 일들과 힘들었던 경험들 – 프로 선수가 되기까지의 과정

- 초등학교 때는 배구 클럽에 들어갔다. 일주일에 한 번 운동하고, 배구에 대해 배웠다. 누구보다도 열심히 하던 나는 배구팀이 있는 중학교에 자연스럽게 진학하게 되었다. 포기하고 싶은 순간도 많았지만, 처음 배구 선수가 되겠다고 마음먹은 순간을 기억하며 최선을 다했다.
- 고등학교 때는 내 예상만큼 키가 크지 않았다. 키 크는 것은 내 노력으로 할 수 없는 일이라 무척 속상했다. 고2 겨울 방학에 갑자기 키가 훅 컸고, 나는 그동안 연습했던 실력에 키가 더해져 좋은 실력을 낼 수 있었다. 졸업하면서 프로 팀에 스카웃이 되었다.

끝 프로 선수가 된 이후의 삶 – 앞으로의 다짐

- 이제 지금까지 배구 선수로서의 인생을 마무리하고 앞으로는 새로운 삶을 시작하려 한다.
- 새로운 도전을 하며 나는 마음속에 '끝까지 처음처럼'이라는 말을 항상 새기고 있을 것이다.
- 처음의 그 마음을 잊지 않고, 항상 노력하는 자세로 내 삶을 이끌어 갈 것이다.

특정한 직업을 가지고 일을 하면서 겪은 경험이나 생각, 의견을 쓴 책이라는 공통점이 있어!

꿈을 이루고 나서
'나'에 대해 정리한다고 가정한 후
글을 써 봐! 좀 더 실감 나게
쓸 수 있을 거야.

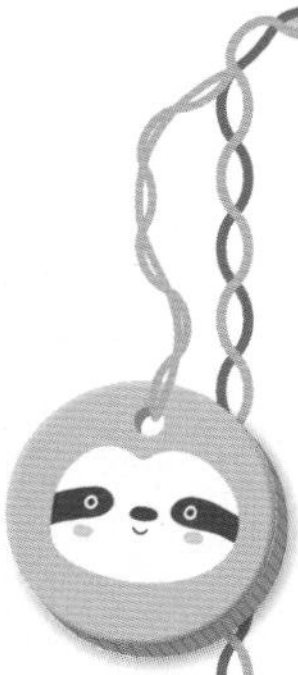

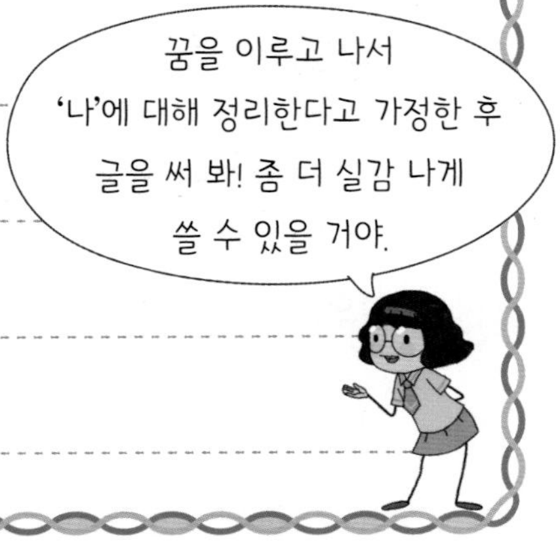

후회되는 일로 **반성문 쓰기**

어떻게 쓸까요

생각 모으기 잘못한 일이나 후회되는 일을 생각나는 대로 써 봅니다.

내가 잘못한 것
- 거짓말을 하고 학원에 가지 않았다.
- 친구 집에서 놀다가 학원 마치는 시간에 집으로 돌아왔다.

반성문

후회하는 점
부모님을 속였다.

앞으로의 다짐
솔직하게 말씀드리고 행동해야겠다.

반성문에는 앞으로의 다짐이 꼭 들어가야 해.

내용 정리하기 생각나는 대로 쓴 것을 바탕으로 반성문에 쓸 내용을 정리해 봅니다.

1 글쓴이가 잘못한 일

↳ 학원에 가기 싫어서 부모님께 거짓말을 하고 학원에 가지 않았다. 학원에 가는 척 친구네 집에 가서 놀았다.

2 글쓴이가 후회하는 것

↳ 놀고 싶은 마음에 학원을 가지 않은 것을 후회했다. 부모님을 속인 것을 후회했다.

3 앞으로의 다짐

↳ 솔직하게 말씀드리고 행동해야겠다고 생각했다.

🏷️ '반성문'은 나의 잘못에 대해 뉘우치는 내용을 담은 글이에요. 내가 무엇을 잘못했는지, 후회하고 있는 점은 무엇인지, 시간을 되돌린다면 어떻게 할 것인지 등의 내용을 진심을 담아 써야 해요.

🏷️ **글로 써 보기** 정리한 내용을 바탕으로 반성문을 써 봅니다.

처음

잘못을
저지른
상황

작년 여름 방학에 있었던 일이다. 방학 동안 수학 학원에 다니게 되었는데, 나는 학원에 가는 것이 너무 싫었다. 부모님께 학원에 다니지 않고 혼자 공부하겠다고 말씀드려 보았지만, 소용이 없었다. 학원에 다니니까 친구들과 놀 시간도 줄어들고 숙제도 많았다.

가운데

잘못한
일

그러던 어느 날, 지원이가 나한테 자기 집에 놀러오라고 연락을 했다. 수학 학원에 가는 날이라 망설였지만, 나는 지원이의 초대를 거절하기도 싫고, 학원도 가기 싫었다. 학원에 가는 척 가방을 메고 지원이네 집으로 갔다. 신나게 놀고 학원이 끝나는 시간에 맞춰 집으로 돌아왔다. 놀 때는 재미있었는데, 부모님을 속였다는 생각을 하니 마음이 무거웠다. 잘 다녀왔냐고 하시며 반갑게 맞이해 주시는 엄마 얼굴을 보니 더 죄송했다. 나는 엄마 눈도 똑바로 쳐다보지 못한 채 방에 들어와 버렸다. 그때 엄마에게 전화 한 통이 걸려 왔다. 학원에서 온 전화였다. 나는 가슴이 철렁했다. 내가 학원에 가지 않았다는 것을 알게 되신 엄마가 엄청 화를 내실 것이라고 생각했다. 그런데 엄마는 아무 말씀도 하지 않으셨다.

끝

후회되는
점
앞으로의
다짐

나는 부모님께 너무 죄송한 마음이 들었다. 그리고 놀고 싶은 마음에 학원에 가지 않은 것을 후회했다. 차라리 부모님께 솔직히 말씀드릴걸 하는 마음도 들었다. 다음부터는 솔직하게 말씀드리고 행동해야겠다고 생각했다.

언제 누구와 있었던 일인지,
어떤 일을 후회하는지, 왜 후회하는지
시간을 되돌린다면 어떻게 하고 싶은지
등을 자세히 써 봐.

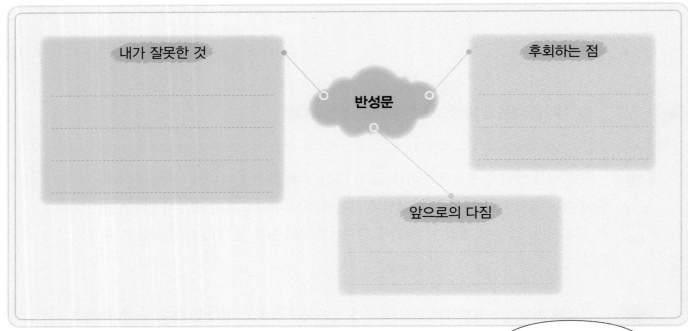

○ 생각 모으기 잘못한 일이나 후회되는 일을 생각나는 대로 써 보세요.

내가 잘못한 것

반성문

후회하는 점

앞으로의 다짐

반성문에는 앞으로의 다짐이 꼭 들어가야 해.

○ 내용 정리하기 생각나는 대로 쓴 것을 바탕으로 반성문에 쓸 내용을 정리해 보세요.

1 글쓴이가 잘못한 일

↳

2 글쓴이가 후회하는 것

↳

3 앞으로의 다짐

↳

정리한 내용을 바탕으로 반성문을 써 보세요.

언제 누구와 있었던 일인지,
어떤 일을 후회하는지, 왜 후회하는지
시간을 되돌린다면 어떻게 하고 싶은지
등을 자세히 써 봐.

1 다음에서 설명하고 있는 글의 종류는 무엇인지 보기 에서 찾아 쓰세요.

보기   전기문   자서전

(1) 주인공과 글쓴이가 같다.   (   )

(2) 위인들에 대해 주로 쓴다.   (   )

2 자서전을 쓸 때 주의할 점으로 알맞은 것에 ○표 하세요.

(1) 솔직한 나의 생각과 감정을 쓴다..   (   )

(2) 겪은 일을 빠트리지 않고 모두 쓴다.   (   )

(3) 나의 생각보다는 다른 사람의 생각을 위주로 쓴다.   (   )

3 자서전을 쓰면 좋은 점으로 알맞은 것에 모두 ○표 하세요.

나의 삶을 되돌아볼 수 있어요.	위인의 업적을 알 수 있어요.	내 삶을 기록으로 남길 수 있어요.	나의 경험이나 생각을 다른 사람에게 자랑할 수 있어요.
( )	( )	( )	( )

🐥벽화 속에 숨어 있는 다섯 개의 물건을 찾아 ○표 하세요.

4주차 다양한 형식의 독후감

무엇을 쓸까요

여러분도 독후감 쓰기가 어렵게 느껴진 적이 있나요?

독후감은 읽은 책에 대한 **감상을 쓴** 글이에요. 읽은 책의 줄거리와 책을 읽고 난 후의 느낌 등을 정리해서 쓰면 되지요.

이번 주에는 책을 읽고 난 후의 생각이나 느낌을 정리한 **독후감**, 책에 대한 평가를 담은 **서평**, 책을 **추천하는** 글까지, 읽은 책에 대한 글을 다양한 형식으로 써 볼 거예요.

위인의 업적을 중심으로 독후감 쓰기

어떻게 쓸까요

생각 모으기 읽은 책의 내용을 생각나는 대로 정리해 봅니다.

책을 읽게 된 동기
- 학교에서 골드버그 장치 만들기 수업을 한 적이 있어서 도서관에서 골드버그에 대한 책을 찾아보았다.

가장 인상 깊었던 장면이나 내용
- 골드버그 장치가 미국 우주 비행사들의 훈련에 응용되고 있다는 내용

루브 골드버그 처럼

책의 내용
- 골드버그가 만화가의 꿈을 이룬 과정
- 골드버그가 그린 만화의 내용

생각, 느낌
- 루브 골드버그처럼 창의성과 상상력을 가진 사람이 되고 싶다.

내용 정리하기 독후감에 들어갈 내용을 정리해 봅니다.

> 독후감을 쓰면 글을 요약하는 능력을 기를 수 있고, 책을 읽으면서 가졌던 생각이나 감동을 오래 간직할 수 있어!

제목 『아무것도 발명하지 않고도 발명가로 이름 난 루브 골드버그』를 읽고

책을 읽게 된 동기

학교에서 골드버그 장치 만들기 수업을 했다. 골드버그 장치에 대해서 처음 알게 되었고, 그 장치를 생각해 낸 루브 골드버그가 만화가라는 것을 알고 골드버그는 어떤 사람일까 궁금해져 책을 찾아보게 되었다.

줄거리, 위인의 업적

골드버그는 만화 그리기를 좋아하는 조용한 아이었다. 아버지를 기쁘게 해 드리기 위해 공학을 공부하고, 좋은 직장에서 일을 했지만 여전히 만화가에 대한 꿈을 포기하지 않았다.

결국 만화의 본고장인 뉴욕으로 가서 신문에 연재하는 만화를 그리게 되었다.

골드버그는 사람들이 아무런 생각 없이 지나치는 일을 꼬아서 생각했다. 그래서 '간단한 일을 복잡하게 해결하는 방법'을 주제로 풍자 만화를 그렸고, 사람들에게 세계를 보는 새로운 시각을 안내했다.

생각, 느낌

아무것도 발명하지 않고도 유명한 발명가가 된 루브 골드버그, 그의 창의성과 상상력을 닮고 싶다.

자신의 꿈을 위해 열정적인 삶을 살았던 루브 골드버그처럼 나의 꿈을 이루기 위해 노력하는 사람이 되고 싶다.

'독후감'은 책을 읽고 생각이나 느낌을 정리한 글이에요. 독후감에는 책을 읽게 된 동기, 책의 내용, 가장 인상 깊었던 장면, 새롭게 알게 된 내용, 책을 읽고 난 후의 생각이나 느낌 등의 내용이 들어가요.

글로 써 보기 정리한 내용을 바탕으로 위인의 업적 중심으로 독후감을 써 봅니다.

아무것도 발명하지 않고도 발명가로 이름 난 루브 골드버그

처음

읽게 된 동기

학교에서 골드버그 장치 만들기 수업을 했다. 골드버그 장치에 대해서 처음 알게 되었고, 그 장치를 생각해 낸 루브 골드버그가 만화가라는 것을 알고 골드버그는 어떤 사람일까 궁금해져 책을 찾아보게 되었다.

가운데

줄거리, 위인의 업적

미국의 샌프란시스코에서 태어난 골드버그는 만화 그리기를 좋아하는 조용한 아이였다. 하지만 부모님의 뜻에 따라 버클리 대학에서 공학을 공부했다. 졸업 후 엔지니어로 일했지만, 만화가에 대한 꿈을 버리지 못하고 결국 뉴욕으로 떠난다.

골드버그는 뉴욕의 한 유명한 신문사에서 만화를 연재하게 되었고, 대중을 일깨우고 싶은 마음에 과학 기술에 사로잡혀 단순한 과정을 쓸데없이 복잡하게 만드는 미국을 풍자하는 만화를 그리기 시작했다. 도넛에 구멍을 내는 방법, 유리창을 닦는 방법, 알람 시계를 끄는 방법 등 일상생활에서 아무렇지 않게 지나치는 일들을 복잡하게 해결하는 과학적인 원리를 담은 장치를 만화로 그렸는데, 이 골드버그 장치를 통해 사람들은 문제를 해결하는 새로운 시각에 대한 중요성을 느끼게 되었다.

골드버그 장치는 지금도 학생들의 과학적 원리 이해와 창의성을 키우기 위한 수업에 활용되고, 미국 NASA의 우주 비행사들의 훈련 과정에도 이용되고 있다.

끝

생각, 느낌

골드버그는 집념을 가지고 자신의 꿈을 끝까지 포기하지 않았다. 마침내 놀라운 상상력과 창의력으로 유명한 발명가가 된 루브 골드버그. 나는 지금부터라도 나의 잠자는 상상력을 깨워, 남들과 다른 아이디어를 내는 사람이 되고 싶다. 그리고 용기와 자신감을 갖고 내 꿈을 이루기 위해 노력하는 삶을 살아야겠다.

> 가운데 부분에는 책의 줄거리뿐만 아니라, 책에서 가장 인상 깊었던 장면이나 내용을 함께 써도 좋아.

○ **생각 모으기** 읽은 책의 내용을 생각나는 대로 정리해 보세요.

책을 읽게 된 동기

가장 인상 깊었던 장면이나 내용

책의 내용

생각, 느낌

독후감을 쓰면
글을 요약하는 능력을 기를 수 있고,
책을 읽으면서 가졌던 생각이나 감동을
오래 간직할 수 있어!

○ **내용 정리하기** 독후감에 들어갈 내용을 정리해 보세요.

제목

책을 읽게 된 동기

줄거리, 위인의 업적

생각, 느낌

4
주차

1회
2회
3회
4회
5회

가운데 부분에는 책의 줄거리뿐만
아니라, 책에서 가장 인상 깊었던 장면이나
내용을 함께 써도 좋아.

내용을 중심으로 독후감 쓰기

어떻게 쓸까요

생각 모으기 읽은 책의 내용을 생각나는 대로 정리해 봅니다.

책을 읽게 된 동기
• 한글날을 기념하여 선생님께서 읽어 보라고 추천해 주셨다.

가장 인상 깊었던 장면이나 내용
• 정자 아래에서 장운이가 흙바닥에 글을 써서 세종대왕과 편지처럼 주고받으면서 한글을 깨우치는 장면

책의 내용
• 한글을 만들고 난 후 눈병 때문에 초정리 약수터로 요양을 간 세종대왕이 장운이에게 글자를 가르쳐 주는 이야기

초정리 편지

생각, 느낌
• 세종대왕이 백성들을 사랑하는 마음이 따뜻하게 느껴졌다.
• 한글을 더 사랑하고 아껴야겠다.
• 한글의 우수성과 실용성을 알게 되었다.

내용 정리하기 독후감에 들어갈 내용을 정리해 봅니다.

> 독후감에는 책을 읽게 된 동기, 책의 내용, 가장 인상 깊었던 장면, 새롭게 알게 된 내용, 책을 읽고 난 뒤 생각이나 느낌 등의 내용이 들어가.

제목 ▶ 『초정리 편지』를 읽고

책을 읽게 된 동기

며칠 전 한글날에 선생님께서 세종대왕이 한글을 만든 과정과 한글의 우수함에 대한 이야기를 해 주시면서 『초정리 편지』를 추천해 주셨다.

생각, 느낌

한글의 우수함에 대해 알고 나니, 한글을 더 아끼고 사랑해야겠다는 생각이 들었다. 지금까지 외국어나 줄임말을 많이 사용했는데, 이런 습관을 줄이고 우리의 한글을 지키기 위해 노력할 것이다.

줄거리, 위인의 업적

세종대왕은 한글을 만든 이후 건강이 매우 나빠졌고, 눈병까지 생겼다. 충북의 초정리 약수터로 요양을 가게 되었는데, 그곳에서 장운이라는 남자 아이를 우연히 만났다.

세종대왕은 장운이에게 글자를 알려 주고, 다음날까지 기억해 오면 쌀을 주겠다는 제안을 한다. 장운이와 누나는 열심히 글자를 공부하고, 이런 장운이의 모습을 보면서 세종대왕은 흐뭇해하였다.

장운이가 글자를 쉽게 익히는 것을 보며 한글의 우수함을 알 수 있었다. 한글은 과학적이고 독창적인 문자이고, 누구나 쉽게 배울 수 있는 글자이다.

독후감은 책을 읽고 난 뒤 생각이나 느낌을 정리한 글이에요. 책의 내용을 중심으로 독후감을 쓸 때에는 중요하거나 인상 깊었던 장면을 중심으로 써요.

글로 써 보기 정리한 내용을 바탕으로 책의 내용을 중심으로 독후감을 써 봅니다.

『초정리 편지』를 읽고

처음
읽게 된 동기

한글은 전 세계에서 사용하는 언어 중에서 가장 과학적이고 독창적이라고 한다. 한글날, 세종대왕이 한글을 만든 과정과 한글의 우수성에 대해 배우면서 선생님께서 추천해 주신 『초정리 편지』를 읽게 되었다.

가운데
줄거리

세종대왕은 한글을 만든 이후 건강이 매우 나빠졌고, 눈병까지 생겨 시력이 점점 나빠지게 되었다. 신하들과 함께 충북 초정리로 요양을 갔는데, 그곳에서 우연히 장운이라는 아이를 만났다. 장운이의 어머니는 돌아가시고 아버지는 병을 앓고 있어서 장운이가 가장 노릇을 해야 했다. 장운이는 아침마다 나무 한 단과 약수 한 병을 윤 초시 어른댁에 가져다 드리고 보리쌀 한 되를 받았다. 그래서 장운이는 매일 초정리 약수터에 물을 뜨러 왔고, 그곳에서 할아버지 한 분을 만났는데, 바로 세종대왕이었던 것이다.

세종대왕은 장운이에게 글자를 알려 주고, 그 글자를 외워 오면 쌀 한 되를 주겠다고 약속하였다. 장운이는 누나와 함께 열심히 글자를 외웠고, 정자 아래에서 흙바닥에 글을 써서 편지처럼 할아버지와 주고받으면서 한글을 깨우쳤다.

장운이가 글을 배우는 과정을 통해 한글이 매우 과학적인 원리로 만들어졌고, 누구나 쉽게 배울 수 있는 글자라는 것을 알 수 있었다. 사람의 발음 기관 모양과 하늘, 땅, 사람을 본떠 만든 자음과 모음으로 세상의 거의 모든 소리를 만들어 낼 수 있다는 점도 알게 되었다.

끝
생각, 느낌

이 책을 읽고, 세종대왕이 한글을 만들기 위해 얼마나 애썼는지 알게 되었고, 백성을 사랑하는 따뜻한 마음이 바탕이 되어 만들어진 글자가 한글이라는 것에 깊은 감명을 받았다. 또 한글이 이 세상의 거의 모든 소리를 글자로 나타낼 수 있는 세계에서 유일한 글자라는 것, 과학적이고 창의적인 글자라는 것이 너무나 자랑스럽게 여겨졌다. 앞으로 한글을 더 사랑하고 아끼는 태도를 가져야겠다고 다짐했다.

글의 가운데 부분에 책의 중심 내용을 간추려서 자세히 써 봐!

이렇게 써 봐요

생각 모으기 읽은 책의 내용을 생각나는 대로 정리해 보세요.

책을 읽게 된 동기

가장 인상 깊었던 장면이나 내용

책의 내용

생각, 느낌

내용 정리하기 독후감에 들어갈 내용을 정리해 보세요.

독후감에는 책을 읽게 된 동기, 책의 내용, 가장 인상 깊었던 장면, 새롭게 알게 된 내용, 책을 읽고 난 뒤 생각이나 느낌 등의 내용이 들어가.

제목

책을 읽게 된 동기

줄거리, 위인의 업적

생각, 느낌

4
주차

1회

2회

3회

4회

5회

글의 가운데 부분에
책의 중심 내용을 간추려서
자세히 써 봐!

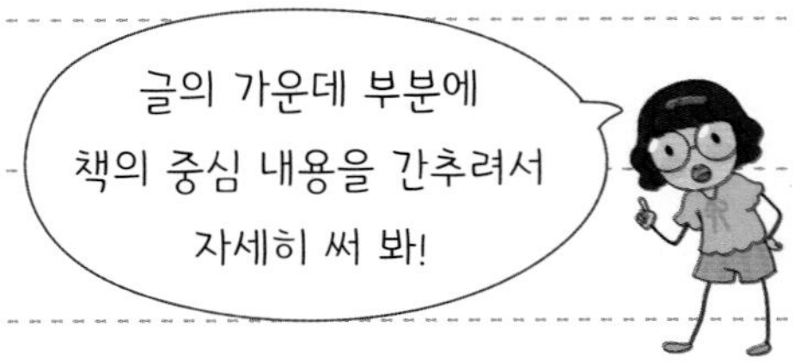

주인공에 대한 생각을 중심으로 독후감 쓰기

어떻게 쓸까요

생각 모으기 읽은 책의 내용을 생각나는 대로 정리해 봅니다.

책을 읽게 된 동기
- 자전거 여행을 하는 것이 버킷리스트 중 하나라 책 제목에 끌렸다.

불량한 자전거 여행

가장 인상 깊었던 장면이나 내용
- 호진이가 무작정 삼촌을 찾아간 점
- 포기하고 싶은 순간을 이겨 내고 자전거를 타고 목적지에 도착한 일

책의 내용
부모님의 이혼 결정에 화가 난 호진이는 무작정 삼촌을 만나러 광주로 떠난다. 삼촌과 11박 12일의 자전거 여행을 떠나는데, 포기하고 싶은 순간을 이겨 내고 목적지에 도착하여 뿌듯함을 느낀다.

생각, 느낌
- 호진이의 결단력과 용기가 대단하다.
- 호진이처럼 포기하지 않고 노력하는 태도를 가져야겠다.

> 주인공에게 있었던 일 중에서 내가 공감했던 부분을 떠올려 봐.

내용 정리하기 독후감에 들어갈 내용을 정리해 봅니다.

책을 읽게 된 동기

자전거 여행을 하는 것이 버킷리스트 중 하나인데 책 제목에 끌려서 읽게 되었다.

책의 줄거리

초등학교 6학년인 호진이는 부모님이 이혼한다는 결정을 듣고, 화가 나서 무작정 광주에 있는 삼촌을 찾아갔다. 삼촌은 호진이를 데리고 함께 자전거 여행에 나섰다. 11박 12일에 걸친 여행을 하며 호진이는 다양한 일을 겪는다.

주인공에 대한 생각이나 느낌

- 호진이는 엄마와 아빠가 싸우는 중간에서 자신이 무시당한다고 생각하며 힘들어했다. 나도 부모님이 싸울 때 불안하고 힘들었던 경험이 있다.
- 호진이는 결단력이 있다. 부모님이 이혼한다는 말을 듣고 쪽지를 남기고 무작정 삼촌이 있는 광주로 떠난 호진이의 용기와 결단력이 대단하다고 느꼈다.
- 호진이와 함께 여행하는 삼촌을 보면서 삼촌처럼 하고 싶은 일을 하면서 사는 것이 멋지다는 생각이 들었다.

생각, 느낌

호진이처럼 나도 꼭 자전거 여행을 해야겠다는 결심을 했다. 호진이가 여행을 하면서 힘든 과정을 극복하고 성취감을 느끼는 것을 나도 느껴 보고 싶었다.

주인공에 대한 생각을 중심으로 써야 하므로, 책의 내용 가운데 주인공의 말과 행동, 주인공이 한 일 등에 대한 생각을 글의 가운데 부분에 써요.

글로 써 보기 정리한 내용을 바탕으로 주인공에 대한 생각을 중심으로 독후감을 써 봅니다.

『불량한 자전거 여행』을 읽고

처음

읽게 된 동기

　자전거 여행을 하는 것이 나의 버킷리스트 중 하나인데, '불량한 자전거 여행'이라는 책 제목을 보고 '어떤 자전거 여행일까?', '왜 불량한 자전거 여행이라고 했을까?' 등이 궁금해져 책을 읽게 되었다.

가운데

줄거리, 주인공에 대한 생각

　주인공 호진이는 초등학교 6학년이다. 아빠와 엄마가 싸우는 횟수가 점점 많아지자 자연스레 대화가 줄었고, 호진이는 이러한 아빠와 엄마 사이에서 자신이 무시당한다고 느꼈다. 그러던 어느날 부모님이 이혼한다는 이야기를 듣고 호진이는 쪽지를 남겨 둔 채, 무작정 광주에 계신 삼촌한테로 갔다.

　광주에 계신 호진이 삼촌은 가족들에게는 무능력하고 별종이라고 찍힌 불량 삼촌이다. 하지만 삼촌은 자신이 하고 싶은 일을 하면서 사는 것이 멋지다고 생각하시는 분이다.

　부모님이 싸우실 때 나도 호진이와 비슷한 감정을 느낀 적이 있었다. 호진이처럼 어디론가 떠나고 싶다고 생각했는데 그럴 용기가 없었다. 무작정 삼촌한테 가는 길이 무섭고 긴장되었을 텐데, 호진이의 결단력이 대단하다고 느꼈다.

　호진이는 삼촌과 함께 11박 12일의 여정으로 자전거 여행을 떠난다. 호진이와 삼촌 이외에도 다양한 사람들이 함께하는 자전거 여행이었다. 호진이는 자전거 여행을 통해서 포기하고 싶은 순간을 이겨 내고 목적지에 도착했을 때 뿌듯함을 느끼는데, 이 부분을 읽으면서 나도 호진이처럼 포기하지 않고 노력하는 태도를 가져야겠다고 생각했다.

끝

생각, 느낌

　호진이의 여행 과정을 보면서, 나도 꼭 자전거 여행을 해야겠다는 결심을 했다. 호진이가 여행을 하면서 힘든 과정을 극복하고 성취감을 느끼는 것을 나도 느껴 보고 싶었다.

책을 읽고, 주인공의 말과 행동에 대한 생각을 써요.

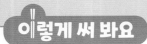

💭 **생각 모으기** 읽은 책의 내용을 생각나는 대로 정리해 보세요.

책을 읽게 된 동기

가장 인상 깊었던 장면이나 내용

책의 내용

생각, 느낌

> 주인공에게 있었던 일 중에서 내가 공감했던 부분을 떠올려 봐.

💭 **내용 정리하기** 독후감에 들어갈 내용을 정리해 보세요.

책을 읽게 된 동기

주인공에 대한 생각이나 느낌

책의 줄거리

생각, 느낌

4주차

1회
2회
3회
4회
5회

책을 읽고,
주인공의 말과 행동에
대한 생각을 써요.

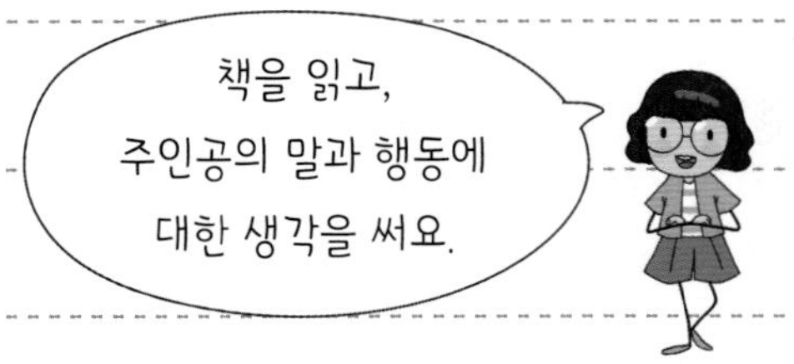

서평 쓰기

어떻게 쓸까요

🔖 **생각 모으기** 읽은 책의 내용을 생각나는 대로 정리해 봅니다.

책의 내용이나 특징
· NC센터에 자란 아이가 부모 면접을 통해 부모를 선택하여 입양을 갈 수 있다.
· 제누는 4년간 페인트를 하고도 부모를 선택하지 못해 센터에 남기로 한다.

페인트

가장 인상 깊었던 장면이나 내용
· 온전한 자기 자신을 찾는 것은 오랜 시간이 필요하다는 말

책에 대한 평가, 작가 소개
· 부모님과 자녀가 함께 읽어 보면 좋은 책
· 좋은 부모가 무엇인지 생각해 보게 하는 책

생각, 느낌
· 온전한 자기 자신을 찾는 일이 왜 중요할까?
· 진짜 어른은 어떤 모습이어야 할까?
· 제누를 응원하고 싶다.

🔖 **내용 정리하기** 서평에 들어갈 내용을 정리해 봅니다.

> 내가 읽은 책 중에서 서평을 써서 소개하고 싶은 책을 골라 봐!

제목 부모님을 선택할 수 있다면

책의 내용이나 특징

'페인트'는 'Parent's interview'의 줄임말이다. 국가에서 설립한 NC센터에서는 입양을 위해 찾아오는 사람들에게 가족을 만들어 주는 일을 한다. 부모가 되기 위해서는 서류 심사, 건강 검진, 심리 검사를 받고 마지막으로 아이들이 부모를 면접하는 '페인트' 단계를 통과해야 한다.

책에 대한 평가, 작가 소개

참신한 소재와 작가의 상상력으로 쓰여진 책이다. 아이가 부모를 선택한다는 것을 통해 어떤 부모가 좋은 부모일까, 행복한 가족은 어떤 모습일까를 생각해 보게 하는 책이다. 청소년을 위한 책이지만, 부모인 어른들도 함께 읽고 이야기를 나누면 좋을 책이다.

생각, 느낌

'부모를 선택한다'는 신기한 발상에서 시작된 책이다. 나도 부모님을 선택할 수 있었다면 어땠을까? 17살인 제누는 13살 때부터 4년간 부모 면접을 봤지만, 결국 부모를 선택하지 못하고 NC센터에 남기로 한다. 제누의 고민 속에서 가족이 되어 함께 살아간다는 것이 결코 쉽지 않은 일이라는 생각을 했다. 제누가 센터에 남기로 결정한 내용을 보면서 씁쓸한 마음이 들었다. 한편 바깥 세상에 나갈 준비를 하는 제누를 응원하고 싶어졌다.

서평은 책의 특징을 소개하거나 가치를 평가한 글이에요. 서평에는 등장인물이나 줄거리, 책을 쓴 작가에 대해 소개하는 내용이나 책을 읽은 소감, 책의 내용, 가치에 대한 평가가 들어갈 수 있어요.

글로 써 보기 정리한 내용을 바탕으로 서평을 써 봅니다.

부모님을 선택할 수 있다면

내용, 특징 　이 책은 주관이 생기는 청소년기에 내 손으로 부모을 선택한다는 작가의 기발한 아이디어로 만들어진 책이다. '페인트'는 부모 면접을 뜻하는 'Parent's interview'를 줄여서 부르는 말이다. 미래에 아이를 낳기 싫어하는 사람들이 늘어나면 부모 대신 아이들을 20살까지 기르고 교육하는 기관인 NC센터라는 곳이 생기는데, 아이들은 이곳에서 자라다가 13살이 되면 같이 살고 싶은 부모님을 선택해 입양을 갈 수 있다.

　제누는 NC센터에서 가장 똑똑하고 신중한 아이다. 제누는 13살 때부터 부모를 찾고 있지만, 17살이 된 지금까지도 가족이 되고 싶은 부모를 만나지 못했다. 스무살이 될 때까지 부모를 선택하지 못하면 센터를 떠나야 하는 제누가 과연 부모를 만날 수 있을까?

생각, 느낌 　제누가 부모님을 찾는 과정에서 나는 어떤 부모가 좋은 것일까, 또 자식은 부모에게 어떤 의미일까를 생각해 보게 되었다. 만약 나에게 제누와 같이 부모님을 선택할 수 있는 기회가 있다면 어떤 기준으로 어떻게 선택할까 고민이 되기도 했다.

　책에서 "온전한 자기 자신을 찾는다는 건 그게 누구든, 오랜 시간이 필요한 것이다. 내가 나를 이루는 요소라고 믿는 것들이 정작 외부에서 온 것일 수도 있으니까."라는 구절이 마음에 깊이 박혔다. 온전한 자기 자신을 찾는 일이 왜 중요한지 생각하게 되었고, 무엇보다 진짜 어른은 어떤 모습이어야 할까도 생각해 보는 계기가 되었다.

평가, 작가 소개 　작가는 아동 학대에 대한 뉴스를 보고, 아이들이 스스로 부모를 찾는다면 이런 일이 생기지 않을까를 생각하고 이 책을 쓰게 되었다고 한다. 아이가 부모를 선택한다는 내용을 통해 어떤 부모가 좋은 부모일까, 행복한 가족은 어떤 모습일까를 생각해 보게 하는 책이다. 청소년을 위한 책이지만, 부모인 어른들도 함께 읽고 이야기를 나누면 좋을 책이다.

> 독후감은 책을 읽고 난 후의 생각 등을 자유롭게 쓴 글이지만 서평은 다른 사람들이 책을 선택하는 데 도움을 주기 위한 목적으로 쓰는 글이야.

이렇게 써 봐요

생각 모으기 읽은 책의 내용을 생각나는 대로 정리해 보세요.

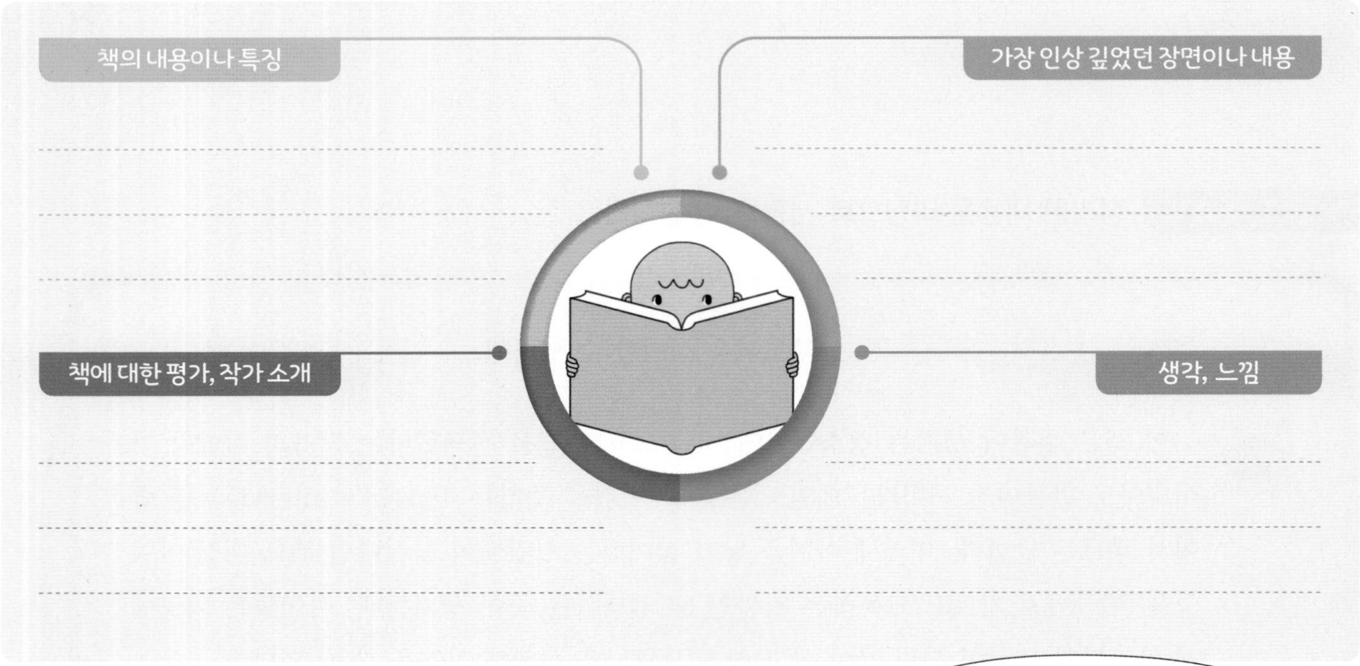

책의 내용이나 특징

가장 인상 깊었던 장면이나 내용

책에 대한 평가, 작가 소개

생각, 느낌

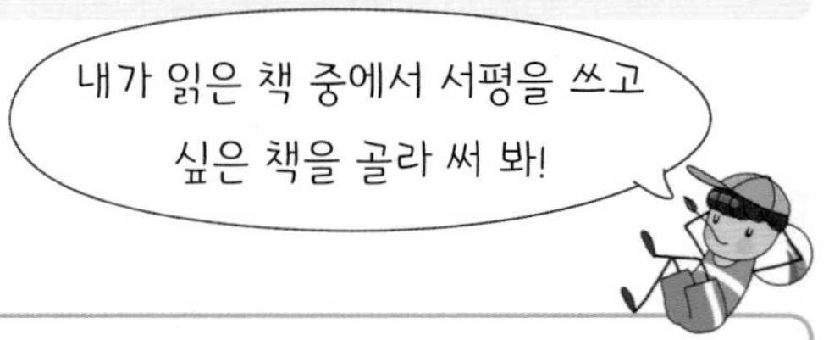

내가 읽은 책 중에서 서평을 쓰고 싶은 책을 골라 써 봐!

내용 정리하기 서평에 들어갈 내용을 정리해 보세요.

제목

책의 내용이나 특징

생각, 느낌

책에 대한 평가, 작가 소개

정리한 내용을 바탕으로 서평을 써 보세요.

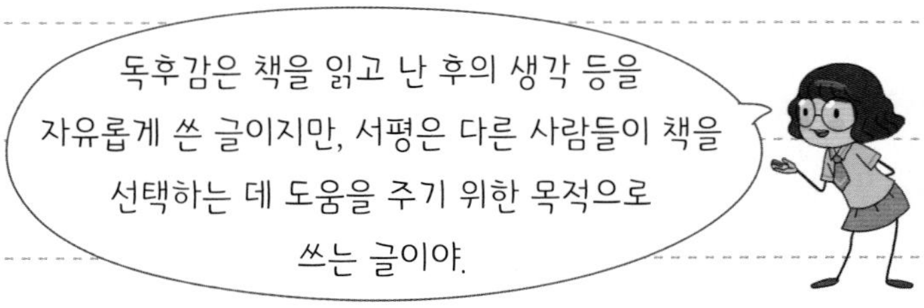

독후감은 책을 읽고 난 후의 생각 등을
자유롭게 쓴 글이지만, 서평은 다른 사람들이 책을
선택하는 데 도움을 주기 위한 목적으로
쓰는 글이야.

책을 추천하는 글을 편지 형식으로 쓰기

어떻게 쓸까요

생각 모으기 읽은 책의 내용을 생각나는 대로 정리해 봅니다.

책의 특징

• 우리에게 친숙한 영화 속 소재를 통해 빅데이터에 대해 설명해 주는 책

책을 추천하고 싶은 사람

• 내 친구 지영이

십 대를 위한 영화 속 빅데이터 인문학

책의 내용

• 빅데이터가 무엇인지, 빅데이터가 우리 삶의 문제를 어떻게 해결해 줄 수 있는지를 설명한다.

• 빅데이터를 보는 눈을 키우는 방법과 빅데이터에 담긴 오류에 대해 이해할 수 있도록 설명한다.

책을 추천하는 이유

• 우리가 살아갈 미래 사회에서 빅데이터가 왜 중요한지 알게 해 주므로

• 우리 생활 속에서 빅데이터가 어떻게 활용되고 있는지 잘 이해할 수 있기 때문에

> 책을 추천하는 이유가 잘 드러나게 써 봐!

내용 정리하기 책을 추천하는 글에 들어갈 내용을 정리해 봅니다.

책을 추천하고 싶은 사람

내 친구 지영이

책을 추천하는 이유

영화를 좋아하는 지영이가 이 책을 읽는다면 영화 속 숨겨진 빅데이터에 대해 쉽게 이해하고 우리가 살아갈 미래 사회에서 빅데이터가 왜 중요한지를 알 수 있을 것이라고 생각해서 추천하고 싶다.

책의 특징, 내용

우리에게 친숙한 영화 속 소재를 통해 빅데이터에 대해 설명해 주는 책이다. 빅데이터가 무엇인지, 빅데이터가 우리 삶의 문제를 어떻게 해결해 줄 수 있는지를 설명하고 있다. 그리고 이를 통해 우리가 살아갈 시대에 빅데이터를 읽는 눈을 키우고 빅데이터에 담긴 오류를 판단할 수 있는 힘을 기를 수 있도록 해 주고 있다.

💭 자신이 읽은 책을 추천하는 글을 편지를 쓰는 것처럼 쓸 수 있어요. 편지의 형식으로 쓰지만, 책의 특징과 내용, 책을 추천하는 이유가 분명하게 드러나야 해요.

✏️ **글로 써 보기**   정리한 내용을 바탕으로 책을 추천하는 글을 편지 형식으로 써 봅니다.

받는 사람   **지영이에게**

첫인사   지영아, 안녕? 잘 지냈어?

전하고 싶은 말   얼마 전 어떤 책을 읽으면서 네가 떠올라서 편지를 써. 영화를 좋아하는 네가 읽으면 정말 좋아할 책인 것 같아서 책을 추천하는 편지를 쓰는 거야.

내가 너에게 추천하고 싶은 책은 『십 대를 위한 영화 속 빅데이터 인문학』이라는 책이야. 제목을 보고 어려울 것 같다고 생각할지 모르지만, 이 책에는 네가 좋아하는 영화 이야기가 한가득 담겨 있어. 영화 속에서 빅데이터가 어떻게 활용되었는지, 빅데이터가 우리 삶과 어떤 관계가 있는지에 대해 설명해 주는 책이야.

너도 '빅데이터'에 대해 들어 본 적이 있지? 나도 들어 본 적은 있지만, 정확히 무엇인지, 왜 우리가 알아야 하는지 잘 몰랐어. 그런데 이 책을 읽고 앞으로 우리가 살아갈 시대에는 빅데이터가 왜 중요한지, 우리는 빅데이터에 대해서 무엇을 유의해야 하는지를 알 수 있었어.

빅데이터를 알고 나니, 빅데이터를 읽는 능력이 필요한 이유와 그러한 능력을 기르기 위해 우리는 어떤 공부를 해야 하는지도 생각해 보게 되었어.

너도 꼭 한번 읽어 보고 싶다는 생각이 들지 않니?

끝인사   이 책을 읽고 너와 함께 이야기를 나누어 보고 싶어. 꼭 읽어 봐! 그럼 안녕.

20○○년 5월 15일

은서가

쓴 날짜

쓴 사람

> 편지는 편지를 받는 사람, 첫인사,
> 전하고 싶은 말, 끝인사, 쓴 날짜, 쓴 사람이
> 들어가야 해. 전하고 싶은 말에서 책을 추천하는
> 이유를 책의 내용과 함께 쓰면 돼.

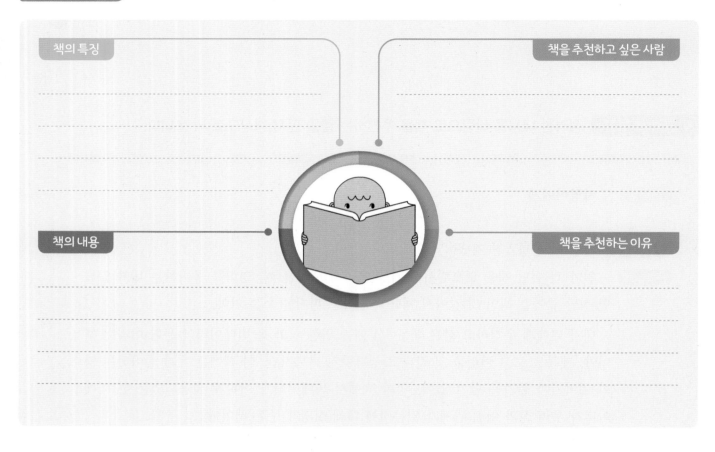

📝 생각 모으기 　읽은 책의 내용을 생각나는 대로 정리해 보세요.

책의 특징

책을 추천하고 싶은 사람

책의 내용

책을 추천하는 이유

책을 추천하는
이유가 잘 드러나게 써 봐!

📝 내용 정리하기 　책을 추천하는 글에 들어갈 내용을 정리해 보세요.

책을 추천하고 싶은 사람

책의 특징, 내용

책을 추천하는 이유

편지는 편지를 받는 사람, 첫인사,
전하고 싶은 말, 끝인사, 쓴 날짜, 쓴 사람이
들어가야 해. 전하고 싶은 말에서 책을 추천하는
이유를 책의 내용과 함께 쓰면 돼.

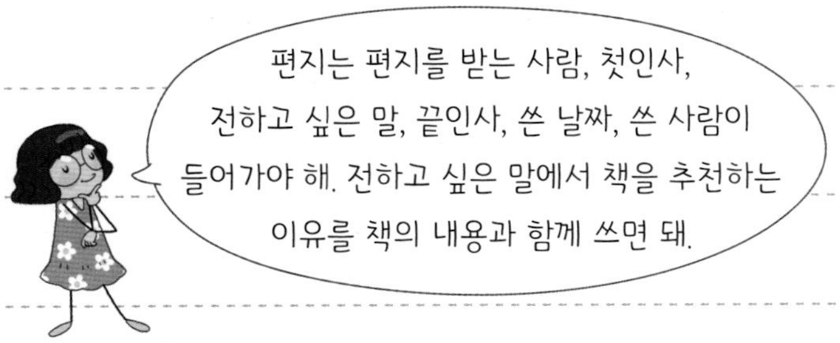

1 독후감의 내용으로 알맞은 것을 보기 에서 찾아 쓰세요.

> **보기**
> • 책을 읽게 된 동기　　• 책을 읽고 난 후의 생각이나 느낌　　• 책의 줄거리

(1)
> 골드버그는 만화 그리기를 좋아하는 조용한 아이였다. 아버지를 기쁘게 해 드리기 위해 공학을 공부하고, 좋은 직장에서 일했지만 만화가에 대한 꿈을 포기하지 않았다.

(　　　　　　　　　　)

(2)
> 나도 루브 골드버그처럼 창의성과 상상력을 가진 사람이 되고 싶다.

(　　　　　　　　　　)

(3)
> 골드버그 장치에 대해서 처음 알게 되었고, 그 장치를 생각해 낸 루브 골드버그에 대해서 궁금해져 책을 찾아보게 되었다.

(　　　　　　　　　　)

2 독후감을 쓰면 좋은 점에 모두 ○표 하세요.

(1) 책의 내용을 오래 기억할 수 있습니다. (　　　)

(2) 작가가 책을 쓴 장소가 어디인지 알 수 있습니다. (　　　)

(3) 책을 읽고 난 후의 생각이나 느낌을 다른 사람들과 공유할 수 있습니다. (　　　)

3 다음은 어떤 글에 대한 설명인지 알맞은 것에 ○표 하세요.

> 책에 대해 평가하는 글입니다. 책의 특징을 소개하거나, 책을 읽은 소감, 책의 내용이나 가치에 대한 평가 등을 씁니다.

독후감	서평	편지
(　)	(　)	(　)

블록
맞추기

빈자리에 들어갈 블록에 ○표 하고, 블록에 맞는 색을 칠해 보세요.

힌트: 독후감, 서평 쓰기에 대한 설명이 알맞은 블록의 모양을 찾으면 됩니다.

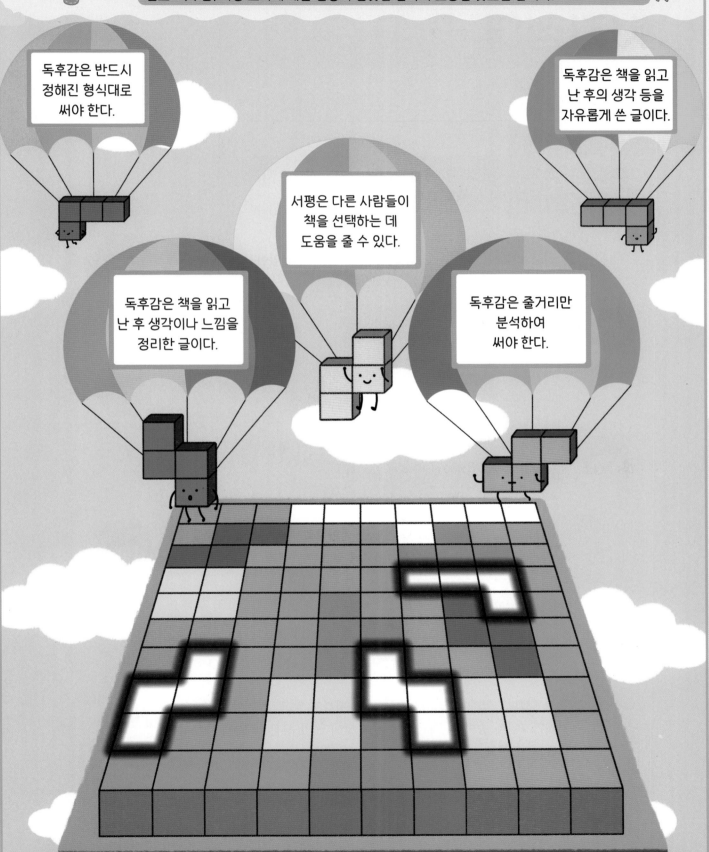

독후감은 반드시
정해진 형식대로
써야 한다.

독후감은 책을 읽고
난 후의 생각 등을
자유롭게 쓴 글이다.

서평은 다른 사람들이
책을 선택하는 데
도움을 줄 수 있다.

독후감은 책을 읽고
난 후 생각이나 느낌을
정리한 글이다.

독후감은 줄거리만
분석하여
써야 한다.

사자성어

 똘이야, 어제 웅이가 좋다고 너랑 나한테 사라고 한 샤프 있잖아~. 너도 그거 샀어?

아니, 난 쓰던 샤프가 있어서 안 샀어.

 그래? 난 웅이 말 듣고 바로 샀거든.

그런데 왜? 무슨 문제 있어?

 웅이가 하도 좋다고 해서 샀는데 내 손에는 안 맞는지 글씨를 쓸 때 손가락이 아파서 말이야.

그러게 좀 알아보고 사지! 넌 늘 친구들의 감언이설에 잘 넘어가더라.

 견물생심이라고, 샤프를 보니 모양 이 이뻐서 사고 싶었거든.

어쩌겠니? 어차피 샀으니 손에 익을 때까지 참고 잘 써야지, 안 그래? 그런데 송이 너 사자성어 실력 많이 늘었구나! 내 말에 동문서답도 안 하고.~~^^

한자 네 자로 이루어진 말을 **사자성어**라고 해요. 사자성어는 **교훈**이나 **유래**를 담고 있는데, 옛이야기(고사)에서 유래된 한자어를 특별히 고사성어라고 합니다. 사자성어는 **한 단어처럼 쓰여서** 그 뜻을 알면 길게 설명하지 않아도 무슨 말을 하는지 내용을 쉽게 이해할 수 있어요.

감언이설	거두절미	견물생심	경거망동
고진감래	괄목상대	군계일학	대기만성
동문서답	마이동풍	솔선수범	수어지교
어부지리	우이독경	유구무언	이심전심
일편단심	자포자기	타산지석	형설지공

감언이설

甘	言	利	設
달	말씀	이로울	말씀
감	언	이 (리)	설

누구든지 달콤한 말, 듣기 좋은 말에는 귀가 솔깃하게 됩니다. 귀가 솔깃하도록 남의 비위를 맞추거나 이로운 조건을 내세워 꾀어 내는 말을 '감언이설'이라고 합니다.

예 친구의 감언이설에 넘어가 비싼 학용품을 사고 말았다.

거두절미

去	頭	截	尾
없앨	머리	끊을	꼬리
거	두	절	미

머리를 없애고 꼬리를 자른다. 즉, 앞뒤를 자른다는 말입니다. 쓸데없는 말은 생략하고, 중요한 말만 하고 싶을 때 '거두절미'라는 말을 씁니다.

예 거두절미하고, 의견의 핵심만 말씀해 주십시오.

견물생심

見	物	生	心
볼	물건	날	마음
견	물	생	심

'견물생심'은 '물건을 보고 생긴 마음'이라는 뜻으로, 좋은 물건을 보면 갖고 싶은 마음이 생긴다는 말입니다.

예 견물생심이라고, 눈으로 보면 사고 싶은 게 정말 많아.

경거망동

輕	擧	妄	動
가벼울	들	망령될	움직일
경	거	망	동

'경거망동'은 경솔하고 조심성이 없는 행동을 이르는 말입니다.

예 어디서든지 경거망동해서는 안 돼.

고 진 감 래

苦	盡	甘	來
괴로울	다할	달	올
고	**진**	**감**	**래** (내)

쓴 것이 다하면 단 것이 온다는 뜻으로, 고생 끝에 즐거움이 온다는 말입니다.

예) <u>고진감래</u>라고 그토록 고생하더니 드디어 성공했구나.

괄 목 상 대

刮	目	相	對
비빌	눈	서로	대할
괄	**목**	**상**	**대**

눈을 비비고 상대를 본다는 뜻으로, 상대가 놀랄 정도로 뛰어나게 변해 있을 때 쓰는 말입니다.

예) 열심히 노력하더니 연주 실력이 <u>괄목상대</u>했네.

군 계 일 학

群	鷄	一	鶴
무리	닭	하나	학
군	**계**	**일**	**학**

닭의 무리 중에 두루미 한 마리라는 뜻의 말입니다. 즉, 여러 평범한 사람들 중에 가장 뛰어난 한 사람을 말합니다.

예) 많은 사람들 속에 있으니 그가 <u>군계일학</u>으로 더욱 빛났다.

대 기 만 성

大	器	晩	成
클	그릇	늦을	이룰
대	**기**	**만**	**성**

큰 그릇을 만드는 데는 시간이 오래 걸린다는 뜻으로, 크게 될 사람은 늦게 이루어진다는 말입니다.

예) 그는 힘든 시간을 견디고 최고의 선수 자리에 오른 <u>대기만성</u>형 선수이다.

동 문 서 답

東	問	西	答
동쪽 **동**	물을 **문**	서쪽 **서**	대답할 **답**

'동문'은 '동쪽을 묻는다', '서답'은 '서쪽을 답한다'는 말입니다. 묻는 말에 엉뚱한 답을 한다는 것으로, 이것을 묻는데 저것을 대답한다는 뜻입니다.

⑩ 내가 묻는 말에는 답을 안 하고 왜 자꾸 동문서답이니?

마 이 동 풍

馬	耳	東	風
말 **마**	귀 **이**	동녘 **동**	바람 **풍**

말의 귀에 스쳐 지나가는 동쪽 바람이라는 뜻입니다. 무슨 말을 해도 전혀 관심을 보이지 않거나, 남의 말을 제대로 알아듣지 못하는 사람에게 쓰는 말입니다.

⑩ 선우에게는 나의 충고가 마이동풍격이다.

솔 선 수 범

率	先	垂	範
지킬 **솔**	먼저 **선**	드리울 **수**	모범 **범**

'솔선수범'은 어떤 일을 앞장서서 하여 모범을 보인다는 말입니다.

⑩ 성욱이는 우리 반에서 항상 솔선수범하는 친구야.

수 어 지 교

水	魚	之	交
물 **수**	물고기 **어**	~의 **지**	사귈 **교**

'물과 물고기의 사귐'이라는 뜻으로, 물을 떠나서는 잠시도 살 수 없는 물고기와 물의 관계처럼 아주 친하여 떨어질 수 없는 사이를 비유적으로 이르는 말입니다.

⑩ 우리는 수어지교 같은 친구 사이야.

어 부 지 리

漁	父	之	利
고기잡을	아비	~의	이익
어	부	지	리 (이)

조개와 도요새가 서로 다투는 틈을 타 어부가 둘을 다 잡은 데서 유래한 말입니다. '어부의 이익'이라는 뜻으로, 엉뚱한 사람이 이익을 얻을 때 쓰는 말이에요.

㉠ 달리기를 하다가 앞선 주자들이 넘어지는 바람에, 어부지리로 소연이가 1등을 하게 되었어.

우 이 독 경

牛	耳	讀	經
소	귀	읽을	경전
우	이	독	경

소에게 책을 읽어 주면, 소는 전혀 이해하지 못하겠죠? 소 귀에 경 읽기라는 뜻으로, 아무리 알려 주고 가르쳐 주어도 알아듣지 못하는 것을 이르는 말입니다.

㉠ 그는 고집이 워낙 세서 아무리 말해도 우이독경이야.

유 구 무 언

有	口	無	言
있을	입	없을	말씀
유	구	무	언

잘못이 너무 분명해서 변명할 말이 없거나 변명을 하지 못할 때 '유구무언'이라는 말을 씁니다. 입이 있어도 할 말이 없다는 뜻입니다.

㉠ 그 사람에게 잘못을 따져 물었지만, 유구무언이었다.

이 심 전 심

以	心	傳	心
~부터	마음	전할	마음
이	심	전	심

'이심전심'은 마음과 마음이 서로 통한다는 말입니다. 사람들끼리 마음이 잘 맞고, 사이가 좋을 때 쓰는 말입니다.

㉠ 말하지 않아도 내 맘을 알다니, 이심전심이네!

일편단심 一片丹心

一	片	丹	心
하나	조각	붉을	마음
일	편	단	심

'일편단심'은 '한 조각 붉은 마음'이라는 뜻으로, 한결같이 변하지 않는 마음을 말합니다.

예 너를 향한 나의 마음은 <u>일편단심</u>이야.

자포자기 自暴自棄

自	暴	自	棄
스스로	사나울	스스로	버릴
자	포	자	기

절망에 빠져 스스로 포기하고 돌아보지 않는다는 뜻입니다. 어떤 일이 생겼을 때 손을 써 보지도 않고 미리 포기해 버린다는 말이에요.

예 그렇게 <u>자포자기</u>하지 말고, 함께 노력해 보자.

타산지석 他山之石

他	山	之	石
다를	산	~의	돌
타	산	지	석

남의 산에 있는 돌이라도 나에게는 옥을 다듬는 데 중요하게 쓰일 수 있다는 뜻으로, 다른 사람의 말이나 행동도 자신의 지식과 인격을 수양하는 데 도움이 될 수 있음을 비유적으로 이르는 말입니다.

예 혜주는 지혜의 행동을 <u>타산지석</u> 삼아 그런 행동을 하지 말아야겠다고 다짐했다.

형설지공 螢雪之功

螢	雪	之	功
반딧불이	눈	~의	공로
형	설	지	공

반딧불이와 눈의 빛을 이용해 공부를 한다는 뜻으로, 어려움을 이겨 내고 공부하여 성공한 것을 이를 때 쓰는 말입니다.

예 그는 <u>형설지공</u>의 본보기가 되는 인물이다.

7단계

쓰기가
문해력
이다

1주차 정답과 해설

논설문은 서론, 본론, 결론으로 짜여 있어요. 서론에서는 글을 쓰게 된 상황과 주장을 밝히고, 본론에서는 주장에 대한 적절한 근거를 제시해요. 결론에서는 내용을 요약하거나 주장을 다시 한번 강조합니다.

순차 1 · 1회

어떻게 쓸까요

논설문 쓰기 1

논설문 알아보기
논설문의 특징을 알아봅니다.

논설문이란? 어떤 문제에 대한 주장을 내세워 다른 사람을 설득하기 위해 쓰는 글입니다.

사람을 설득하려면 주장에 대한 타당한 근거를 제시해야 합니다.

구성

서론	본론	결론
문제 상황과 글쓴이의 주장	· 서론에서 제시한 주장에 대한 근거 제시 · 근거를 뒷받침하는 내용 제시	글의 내용을 요약하거나, 주장을 다시 한번 강조

근거가 주장을 뒷받침할 수 있는 내용인지 생각해 봐야 해

내용 정리하기
다음 주제에 대해 '찬성하는 입장'에서 쓸 논설문의 내용을 정리해 봅니다.

'노키즈존(No Kids Zone)'은 필요한가

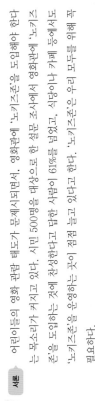

노키즈존(No Kids Zone)이란 젖먹이 아이나 어린아이를 데리고 입장할 수 없는 공간을 말한다. 별도의 공간으로 정해진 것은 아니며 매장 등에서 아이들의 안전사고를 우려하거나 다른 손님을 배려하기 위해 노키즈존을 운영하고 있다.

주제 : '노키즈존'을 찬성하는 입장에서 쓸 논설문이다.

자료

서론
- 문제 상황: '노키즈존'은 사람들에게 한마는 목소리가 커지고 있다.
- 주장: '노키즈존'은 필요하다.

본론
- 근거 1: '노키즈존'은 사람들에게 선택의 자유를 준다.
- 근거 2: '노키즈존'은 모든 사람의 권리를 지켜 줄 수 있다.

결론
- 요약·강조: 어린이들과 어른들의 공간을 분리해 주는 '노키즈존'은 차별이 아니라 모두가 만족할 수 있는 해결책이다.

글 써 보기
정리한 내용을 바탕으로 주제에 '찬성하는 입장'에서 논설문을 써 봅니다.

'노키즈존'은 필요한가

서론
어린이들의 영화 관람 태도가 문제시되면서, 영화관에 '노키즈존'을 도입해야 한다는 목소리가 커지고 있다. 시민 500명을 대상으로 한 설문 조사에서 영화관에 '노키즈존'을 도입하는 것에 찬성한다고 답한 사람이 61%를 넘었고, 식당이나 카페 등에서도 '노키즈존'을 운영하는 곳이 점점 늘고 있다고 한다. '노키즈존'은 우리 모두를 위해 꼭 필요하다.

본론
먼저 '노키즈존'은 사람들에게 선택의 자유를 준다. 식당이나 카페, 영화관을 이용하는 손님들은 '노키즈존'과 '노키즈존'이 아닌 곳을 선택할 수 있다. 노키즈존이 아니어도 편히 쉴 수 있는 곳에서 마음을 선택한 부모님과 어린이들은 다른 사람들의 눈치를 볼 필요가 없는 곳에서 편히 시간을 보낼 수 있고, 조용한 곳을 원하는 어른들은 노키즈존을 선택해서 행동을 할 수 있다. 식당이나 카페, 영화관을 운영하는 사람들의 입장에서도 어린이들의 행동으로 피해가 생길 우려가 있다면 '노키즈존'을 운영할 수 있다.

그리고 '노키즈존'은 모든 사람의 권리를 지켜 줄 수 있다. 어린이의 자유롭게 행동할 권리도 중요하지만, 같은 공간을 이용하는 다른 사람들의 권리도 중요하다. 영화관이나 식당에 방문하거나 뛰어다니는 어린이들의 행동으로 그 공간을 이용하는 다른 사람들이 피해를 받는다면 '노키즈존'은 어린이를 동반하지 않는 어른들에게 어린이들의 행동에 피해를 받지 않고, 공간을 이용할 수 있는 권리를 지켜 줄 수 있다.

결론
'노키즈존'은 역차별이 아니라고 생각하느냐? 어린이들도 '노키즈존'에서 마음 편하게, 어른들은 아이도 차별에서 편안하게 자신들의 시간을 보낼 수 있다. 어린이들이 공간을 분리해 주는 '노키즈존'은 차별이 아니라 우리 모두가 만족할 수 있는 해결책이다.

논설문에서는 생각이나 감정을 나타내는 주관적인 표현보다는 사실을 있는 그대로 드러내는 객관적인 표현을 써야 해.

이렇게 써 봐요

내용 정리하기 다음 주제에 대해 '반대하는 입장'에서 쓸 논설문의 내용을 정리해 보세요.

주제 '노키즈존(No Kids Zone)'은 필요한가

자료 노키즈존(No Kids Zone)이란 젖먹이 아이나 어린아이를 데리고 입장할 수 없는 공간을 말한다. 법적으로 정해진 것은 아니며 매장 등에서 아이들의 안전사고를 우려하거나 다른 손님을 배려하기 위해 노키즈존을 운영하고 있다.

서론
문제 상황: 예 '노키즈존'을 만들어야 한다는 목소리가 커지고 있다.
주장: 예 '노키즈존'보다는 함께 어우러져 살아가는 공간이 많아져야 한다.

본론
근거:
• 근거 1: 예 '노키즈존'은 어린이에 대한 차별이다.
• 근거 2: 예 어린이들이 공공장소에서 지켜야 할 예절을 배울 기회가 사라진다.

결론
요약·강조: 예 다양한 사람이 함께 살아가야 하는 사회에서 '노키즈존'을 만드는 것은 옳지 않다.

근거가 주장을 뒷받침할 수 있는 내용인지 생각해 봐야 해.

글로 써 보기

정리한 내용을 바탕으로 주제에 '반대하는 입장'에서 논설문을 써 보세요.

예 '노키즈존'은 필요한가

'겨울왕국2'가 개봉되면서 극장에 영화를 관람하러 온 아이들이 많아졌다. 그런데 일부 어린이들이 관람 태도 때문에 영화를 집중해서 보지 못했다는 사람들이 불만이 터져 나왔다. 이에 '노키즈존'이 영화관을 따로 만들자는 요구도 커지고 있다. '노키즈존'을 도입하는 것이 이러한 문제를 해결할 수 있는 가장 좋은 방법일까? '노키즈존'보다는 오히려 함께 어우러져 지낼 수 있는 공간이 더 많아져야 한다. 따라서 '노키즈존'은 필요하지 않다.

왜냐하면 '노키즈존'은 어린이에 대한 차별이기 때문이다. 일부 어린이들과 부모들의 잘못된 행동으로 모든 어린이들의 출입을 제한하는 것은 옳지 않다. 사람은 모두 자유롭게 행동하고 장소를 선택할 권리를 갖는다. '노키즈존'은 어린이들과 그 부모들에게서 이러한 권리를 빼앗는 것이다.

어린이들은 다양한 경험을 통해 삶을 배운다. '노키즈존'이 생긴다면 어린이들이 공공장소에서 지켜야 할 예절을 배울 기회가 사라진다. 이런 어린이들이 커서 어른이 된다면 우리 사회는 어떤 모습일까? 어른들은 어린이들을 배려하는 마음을 갖고, 어린이들이 올바른 어른으로 성장할 수 있도록 도와줘야 한다.

사회는 다양한 사람들이 모여 함께 살아가는 것이다. 나와 다른 사람을 이해하고 배려하는 태도가 있다면 우리 사회가 좀 더 살기 좋은 곳이 될 것이다. 그러므로 '노키즈존'보다는 사람들이 함께 어우러져 지낼 수 있는 공간이 많아져야 한다.

논설문에서는 생각이나 감정을 나타내는 주관적인 표현보다는 사실을 알 수 있는 그대로 드러내는 객관적인 표현을 쓰는 게 좋아.

이렇게 써 봐요

정리한 내용을 바탕으로 '학교 폭력을 줄이자'라는 주제로 논설문을 써 봅니다.

글로 써 보기

학교 폭력 없는 세상을 만들자

서론
학교 폭력 문제가 심각하다. 학생들 사이에서 일어나는 신체적 폭력뿐 아니라 정신적으로 피해를 주는 행동, 언어폭력, 재산상의 피해를 주는 행동 모두가 학교 폭력이다. 모든 학생들이 마음 편히 학교생활을 할 수 있도록 학교 폭력을 줄여야 한다. 그렇다면 학교 폭력을 줄이는 방법에는 무엇이 있을까?

본론
학교 폭력을 줄이기 위해서는 첫째, 학교 폭력 예방 캠페인을 열어 학생들에게 학교 폭력의 위험성을 알려야 한다. 학교 폭력 가해 학생의 대부분은 장난이라고 생각하거나 학교 폭력이라고 생각하지 못하고 행동하는 경우가 많다. 학교 폭력이 얼마나 위험한지, 학교 폭력을 가하면 어떤 처벌을 받는지 등을 알려 학교 폭력 예방 캠페인을 통해 알려야 한다.
둘째, 항상 친구들을 배려하는 태도를 가져야 한다. 내가 지금 하는 행동이 친구에게 상처를 주지는 않는지, 내가 이런 행동을 당한다면 어떨지 생각해 보고 행동하는 배려심을 주면 학교 폭력은 줄어들 것이다.
셋째, 학교 폭력 가해 학생의 처벌을 강화해야 한다. 가해 학생이 처벌을 쉽게 받지 않는다면 두려움이 생겨 학교 폭력을 쉽게 하지 못할 것이다.
학교 폭력에 대한 두려움이 생겨 학교 폭력을 쉽게 하지 못할 것이다.

결론
학교 폭력을 당해 목숨을 끊거나 우울증으로 괴로워하는 학생들에 관한 기사를 자주 볼 수 있다. 지금도 우리 주변에서 학교 폭력을 당하고 괴로워하는 친구들이 있을지 모른다. 하루빨리 학교 폭력 없는 학교를 만들기 위해 우리 모두 노력하자.

서론에서는 문제 상황과 그에 대한 주장을 쓰고, 본론에서는 문제를 해결할 방법을 예시해. 그리고 결론에서는 본론의 내용을 정리하거나 주장을 다시 한번 강조하면 돼.

논설문 중에서도 문제를 해결할 수 있는 방법을 제시하는 내용으로 쓴 논설문을 '문제 해결형 논설문'이라고 해요.

논설문 쓰기 2

어떻게 쓸까요

생각 모으기 '학교 폭력'에 대해 떠오르는 생각을 정리해 봅니다.

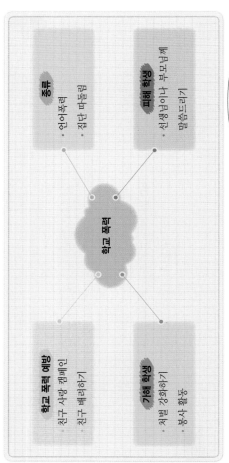

학교 폭력 예방
· 친구 사랑 캠페인
· 친구 배려하기

가해 학생
· 처벌 강화하기
· 봉사 활동

학교 폭력

종류
· 언어폭력
· 집단 따돌림

피해 학생
· 선생님이나 부모님께 말씀드리기

해결 방법은 실천 가능한 것을 제시해야 해.

내용 정리하기 '학교 폭력을 줄이자'라는 주제로 논설문을 쓰기 위한 개요를 정리해 봅니다.

서론
주장
학교 폭력을 줄이자.

본론
해결 방법
· 학교 폭력 예방 캠페인을 열어 학교 폭력의 위험성을 알려야 한다.
· 항상 친구들을 배려하는 태도를 가져야 한다.
· 학교 폭력 가해 학생의 처벌을 강화해야 한다.

결론
요약·강조
학교 폭력 없는 학교를 만들기 위해 노력하자.

글쓰기 · 글로 써 보기

정리한 내용을 바탕으로 논설문을 써 보세요.

예 스쿨존에서의 교통사고를 줄이자

어린이들의 교통사고 예방을 위해 학교 정문 주변을 스쿨존으로 지정하여 운영하고 있다. 스쿨존 안에는 안전 표지판, 과속 방지턱, 속도 측정기 등을 설치하고, 자동차의 속도를 제한하고 주정차를 금지하는 등 어린이 교통사고 예방을 위해 노력하고 있지만, 스쿨존에서 교통사고가 끊임없이 일어나고 있다. 스쿨존에서의 교통사고를 줄이기 위해서는 다음과 같은 노력이 필요하다.

첫째, 길을 잘 살피고 길을 건너야 한다. 스쿨존에서 사고가 가장 많이 일어나는 경우는 도로를 횡단할 때이다. 어린이들이 길을 건너거나 횡단보도를 건널 때 주변을 잘 살피지 않고 스마트폰을 보면서 다니는 경우가 많기 때문이다. 그러므로 사고를 줄이기 위해서는 어린이들이 좌우를 잘 살피고 길을 건너야 한다.

둘째, 초등학교 저학년 학생들은 등하굣길에 어른과 함께 다니도록 하는 법을 만들어야 한다. 초등학교 저학년 학생들의 경우, 키가 작아 운전자의 눈에 잘 보이지 않는 경우가 많다. 그러므로 초등학교 저학년 학생들의 교통사고 발생률을 줄이기 위해 등하굣길에 어른과 함께 다니도록 하는 법을 만들어야 한다.

셋째, 도로에 안전한 보행로를 만들어야 한다. 스쿨존으로 지정된 곳이라도 보행로가 너무 좁아 걷기가 어려운 경우도 생긴다. 이런 경우 사고 예방을 위해 안전한 보행로가 필요하다.

스쿨존에서의 교통사고 예방을 위해 노력해야 한다. 운전자가 함께 노력해야 한다. 우리 모두 조금씩 노력하면 스쿨존 내 교통사고가 줄어들고 안전한 하교 환경이 만들어질 것이다.

> 문제 해결을 논설문에서는 서론에서는 문제 상황과 그에 대한 주장을 쓰고, 본론에서는 문제를 해결할 방법을 제시해. 그리고 결론에서는 본론의 내용을 정리하거나 주장을 다시 한번 강조하면 돼.

이해하기

자료 조사하기

다음 자료를 살펴보고, 논설문으로 쓸 글의 주제를 생각해 보세요.

□□ 신문
2000년 9월 5일

어린이 교통사고 예방을 위해 스쿨존을 지정하고 여러 시설도 설치하고 있지만, 여전히 어린이 교통사고 발생률이 줄지 않고 있습니다. 스쿨존에서 교통사고는 10명 중 7명이 도로 횡단 중 일어나는 것으로 나타났습니다. 부상자의 40% 이상은 유치원생 또는 초등학교 저학년 학생입니다. 사고 대부분은 보호 의무 위반과 안전 운전 의무 불이행이 원인이었습니다. 사고가 가장 많이 발생하는 시간은 오후 2시에서 4시 사이로 하교하는 시간대에 집중되어 있는 것으로 나타났습니다.

△△△ 기자

주제 예 스쿨존에서의 교통사고를 줄이자.

내용 정리하기

위에서 생각한 주제로 논설문을 쓰기 위한 개요를 정리해 보세요.

자료
스쿨존은 어린이를 교통사고의 위험으로부터 보호하기 위해 초등학교, 유치원, 학원 주변에 지정된 어린이 보호 구역이다. 보호 구역으로 지정된 곳에서는 차량의 통행 속도를 시속 30km 이내로 제한하고, 구역 내 주·정차를 금지할 수 있다.

서론
- 예 · 문제 상황: 스쿨존 내에서 어린이 교통사고를 예방하자.
- · 주장 스쿨존 내 교통사고를 줄이자.

본론 (해결 방법)
- 예 · 길을 건널 때는 주변을 잘 살피면서 다닌다.
- · 초등하교 저학년 학생들도 등하굣길에 어른과 함께 다니도록 한다.
- · 도로에 보행로를 넓게 만들어 학생들이 안전하게 다닐 수 있도록 한다.

결론 (요약·강조)
- 예 우리 모두 조금씩 노력하면 스쿨존 내 교통사고가 줄어들 수 있을 것이다.

> 해결 방법은 실천 가능한 것을 제시해야 해.

논설문에서 주장하는 내용은 '~해야 한다.', '~한다고 생각한다' 등으로 글쓴이의 생각이 분명하게 드러나도록 써야 해요.

글로 써 보기 정리한 내용을 바탕으로 주장이 잘 드러나게 논설문을 써 봅니다.

통일은 꼭 해야 한다

서론 우리나라는 세계에서 유일한 분단국가입니다. 1945년 8월 15일 광복을 맞이했지만, 1948년 남한 정부와 북한 정부가 따로 세워지게 되었습니다. 1950년 북한의 침략으로 전쟁이 일어나면서 남한과 북한은 너무도 멀어지게 되었고, 지금까지 여러 노력을 하고 있지만, 아직 통일을 이루지 못했습니다. 원래 한 민족이었던 우리의 모습으로 돌아가기 위해 통일은 꼭 해야 합니다.

본론 무엇보다도 통일을 하면 이산가족의 아픔이 사라질 수 있습니다. 분단 이후 남과 북으로 흩어진 가족을 만나지 못하는 이산가족이 아직도 많습니다. 평생 가족을 만나지 못하고 그리워해야만 하는 것이 얼마나 고통스러울까요? 이런 이산가족의 아픔을 없애기 위해 우리는 반드시 통일을 해야 합니다.
다음으로 통일을 하면 우리나라의 힘이 더 강해질 수 있습니다. 남한의 과학 기술과 우수한 인적 자원, 북한의 자연환경과 천연자원이 합쳐진다면 우리나라는 더 큰 발전을 이룰 수 있습니다.
마지막으로 우리는 지금 전쟁을 잠시 쉬고 있는 휴전 상태입니다. 언제든 전쟁이 일어날 수 있는 위험을 안고 살고 있습니다. 통일을 하면 이런 전쟁의 위험과 불안에서 벗어날 수 있습니다.

결론 통일은 이산가족의 아픔을 해소해 주고, 전쟁의 공포와 불안에서 벗어나게 해 줍니다. 우리나라의 발전을 위해서도 꼭 통일을 해야 합니다.

서론에는 글을 읽는 사람의 관심을 끌 만한 내용을 써야 해.

3회 1주차

논설문 쓰기 3

이렇게 쓸까요

생각 모으기 내가 관심 있는 사회 문제가 무엇인지 떠올려 봅니다.

- 통일은 꼭 해야 할까?
- 층간 소음 문제
- 학생들의 독서량 부족 문제
- 우리 동네의 주차 공간 부족 문제
- 인터넷 신조어 사용 문제

주장 정하기 떠올린 문제 중 하나를 골라 주장과 근거를 정리해 봅니다.

문제 통일은 꼭 해야 할까?

주장 통일은 꼭 해야 한다.

근거
• 이산가족의 아픔이 사라질 수 있다.
• 통일을 해야 전쟁의 위험이 사라진다.
• 통일을 하면 우리나라의 힘이 더 강해질 수 있다.

근거를 뒷받침할 자료나 내용이 타당해야 하는 사람이 공감할 수 있어.

내용 정리하기 주장에 알맞은 근거를 들고, 근거를 뒷받침할 내용을 정리해 봅니다.

근거 1 이산가족의 아픔이 사라진다.
뒷받침 내용 및 자료 북한에 있는 가족을 평생 그리워하는 사람들이 많다. 가족을 만나고 싶어도 만나지 못하는 사람들의 고통을 해결해 주어야 한다.

근거 2 통일을 해야 전쟁의 위험이 사라진다.
뒷받침 내용 및 자료 우리는 지금 휴전 상태이다. 언제든 전쟁이 일어날 수 있다. 통일을 하면 이런 전쟁의 위험을 안고 살지 않아도 된다.

근거 3 통일을 하면 우리나라의 힘이 더 강해질 수 있다.
뒷받침 내용 및 자료 남한이 가지고 있는 기술과 자본, 북한이 풍부한 자원이 합쳐진다면 우리나라가 경제적으로 더 발전할 수 있다.

이렇게 써 봐요

주장 정하기

'어떻게 쓸까요?'에서 떠올린 문제 중 하나를 골라 주장과 근거를 정리해 보세요.

문제
예) 인터넷 신조어 사용 문제

주장
예) 인터넷 신조어를 사용을 줄이자.

근거
예) • 신조어를 사용하면 우리말이 파괴될 수 있다.
• 신조어를 사용하면 어른들과 의사소통하는 데 어려움이 생긴다.
• 신조어를 모르는 사람들이 소외감을 느낄 수 있다.

내용 정리하기

주장에 알맞은 근거를 들고, 근거를 뒷받침할 내용을 정리해 보세요.

근거를 뒷받침할
자료나 내용이 타당해야 이 글을
읽는 사람이 공감할 수 있어.

근거 1
예) 신조어를 사용하면 우리말이 파괴될 수 있다.

뒷받침할 내용 및 자료
예) 신조어는 대부분 줄임말이나, 외국어와 우리말이 합쳐진 말 등 한글 맞춤법에 어긋나는 말이 많다. 이런 말을 사용하다 보면 우리말이 점점 파괴될 것이다.

근거 2
예) 신조어를 사용하면 어른들과 의사소통하는 데 어려움이 생긴다.

뒷받침할 내용 및 자료
예) 신조어는 청소년들이나 젊은 사람들 사이에서 주로 쓰는 말이다. 어른들은 그 뜻을 잘 모르는 경우가 많기 때문에 어른들과 대화할 때 소통에 문제가 생길 수 있다.

근거 3
예) 신조어를 모르는 사람들이 소외감을 느낄 수 있다.

뒷받침할 내용 및 자료
예) 친구들 중에도 신조어에 관심이 없거나 잘 모르는 친구가 있다. 그런 친구들과 대화를 할 때 소외감을 느낄 수 있다.

글로 써 보기

정리한 내용을 바탕으로 주장이 잘 드러나게 논설문을 써 보세요.

예) 신조어 사용을 줄이자

신조어란 새로운 것을 표현하기 위해 새로 만들어진 낱말을 말합니다. 은어나 줄임말, 외래어 등이 신조어라고 할 수 있습니다. 우리 학교 학생들을 대상으로 한 설문 조사에 의하면 학생들이 신조어를 사용하는 이유는 재미있고, 친구들도 모두 사용하기 때문이라고 답한 비율이 가장 높았다고 합니다. 그렇다면 우리는 신조어를 계속 사용해도 될까요?

신조어는 우리말을 파괴하는 원인이 되고 있습니다. 신조어는 맞춤법에 맞지 않거나 외래어와 함친 정체 불명의 말이 대부분입니다. 소중한 우리말을 지키기 위해 신조어 사용을 줄여야 합니다.

신조어는 세대 간의 갈등이 생길 수 있습니다. 신조어는 청소년들이나 젊은 사람들 사이에서 주로 사용됩니다. 어른들은 그 뜻을 잘 모르는 경우가 많기 때문에 어른들과 대화할 때 소통에 어려움이 생길 수 있습니다.

친구들 중에도 신조어에 관심이 없거나 잘 모르는 친구들이 있습니다. 그런 친구들은 신조어를 사용하며 대화를 할 때 소외감을 느낄 수 있습니다. 친구들에게 소외감을 주면서까지 신조어를 사용할 필요는 없다고 생각합니다.

이처럼 신조어는 우리말을 파괴하고, 세대 간 대화를 단절시키며, 친구들에게 소외감을 느끼게 합니다. 따라서 이제부터 우리는 신조어 사용을 줄이고 바르고 고운 말을 쓰도록 노력해야 합니다.

야호! 이제 논설문 쓰는 게
서툴러는 글을 잘 쓸 수 있겠어!

자료 정리하여 논설문 쓰기 1

어떻게 쓸까요

자료 읽어 보기 [자료1]과 [자료2]를 읽어 봅니다.

[자료1] 2017년을 기준으로 해마다 바다에 버려지는 플라스틱 쓰레기는 약 950만 톤입니다. 해변으로 떠밀려 온 바다거북의 장기에서는 플라스틱 쓰레기가 발견되었고, 플라스틱 조각뿐 아니라 바다에 떠다니는 비닐 쓰레기를 먹은 바닷물고기도 죽은 채 발견되는 일이 종종 있습니다. 버려진 플라스틱 쓰레기들은 바다거북과 같은 해양 동물들의 생명을 위협할 뿐 아니라 우리의 건강도 해칠 수 있습니다. 분해되고 남은 미세 플라스틱이 우리의 식탁에 다시 올라오기 때문입니다.

캐나다의 한 연구 팀이 2030년까지 전 세계의 플라스틱 쓰레기 배출량을 예상해 본 결과, 사람들이 플라스틱 소비를 줄이더라도 최대 약 5,300만 톤의 플라스틱 쓰레기가 발생할 것으로 나타났습니다. 이 연구 팀에서는 플라스틱 쓰레기로 인해 지구의 모든 생태계가 위험에 처할 것이라고 경고하였습니다.

[자료2] 우리나라의 플라스틱 쓰레기 배출량은 세계에서 3위라고 합니다. 2019년을 기준으로 1인당 연간 44kg의 플라스틱 쓰레기를 배출하는 것으로 나타났습니다. 버려지는 플라스틱 중 재활용이 가능한 것은 약 10% 정도밖에 되지 않아 플라스틱 쓰레기 문제가 심각합니다. 최근에는 배달 음식의 이용과 온라인 쇼핑, 택배 사용의 증가로 우리가 사용하는 플라스틱의 양도 점점 늘어나고 있습니다.

환경에 관한 관심이 높아지고 플라스틱 쓰레기 배출량에 대한 심각성을 느끼는 사람들이 플라스틱 사용 줄이기 캠페인에 적극적으로 동참하고 있습니다. 식당에서는 일회용 용기나 수저를 사용하는 대신 다회용기를 가지고 오는 용기내 수저를 이용하기도 하고, 카페에서도 일회용 컵 대신 머그잔이나 텀블러를 사용합니다. 그러나 전문가들은 무엇보다도 재활용률을 높이는 것이 더 중요하다고 말합니다. 이를 줄이려면 분리 배출 잘해 제 분리 배출된 플라스틱이 일반 쓰레기로 버려지는 경우가 많기 때문입니다.

어떻게 쓸까요

자료를 읽고, 자료의 내용을 바탕으로 문제 상황에 대해 주장하는 글을 쓸 때에는 주어진 자료를 잘 분석해야 해요. 한 편의 완성된 논설문 쓰기가 될 수 있도록 글쓰기 각 단계를 익혀 두도록 합니다.

자료 정리하기 [자료1]과 [자료2]를 읽고 내용을 정리해 봅니다.

1 [자료1]과 [자료2]에서 중요한 낱말을 골라 써 봅니다.

> **자료1 :** 플라스틱 쓰레기, 해양 동물, 미세 플라스틱, 생태계, 위험
> **자료2 :** 플라스틱 쓰레기 배출량, 재활용, 플라스틱 사용 줄이기

2 [자료1]과 [자료2]에서 공통으로 말하고 있는 문제는 무엇인지 써 봅니다.

> 플라스틱 쓰레기 문제

3 [자료1]과 [자료2]의 내용을 요약해 써 봅니다.

> **자료1 :** 매년 바다에 버려지는 플라스틱 쓰레기가 늘고 있다. 버려진 플라스틱 쓰레기는 해양 동물들의 생명을 위협하고 나아가 우리의 건강을 해칠 것이다. 캐나다의 한 연구 팀에 의하면 플라스틱 쓰레기로 인해 지구의 생태계가 위험에 처할 것이라고 하였다.
> **자료2 :** 우리나라 플라스틱 쓰레기 배출량은 세계 3위로 심각한 수준이다. 사용하는 플라스틱의 양은 늘고 있지만, 버려지는 플라스틱 중 재활용을 하는 경우는 약 10%뿐이다. 사람들은 플라스틱 사용을 줄이는 캠페인에 동참하고 있지만, 전문가들은 무엇보다 플라스틱의 재활용률을 높이는 것이 중요하다고 말한다.

4 [자료1]과 [자료2]의 내용을 바탕으로 어떤 주장을 할 수 있는지 써 봅니다.

> 플라스틱 쓰레기를 줄이자. 쓰레기 분리수거를 철저히 하자. 환경을 생각하는 생활을 하자.

(tip) 요약은 글의 내용을 간추리는 것입니다. 글을 읽고 중심 낱말이 무엇인지, 중심 문장이 무엇인지 찾아봅니다. 무엇에 대해 말하고 있는 글인지 생각하며 중심 내용을 빠뜨리지 말고 간추립니다.

자료에서 찾은 중요 낱말을 바탕으로 자료에서 전달하려는 내용이 무엇인지 생각해 봐!

이어 쓰기

(tip) '이렇게 써 보아요'는 '어떻게 쓸까요?'의 학습 내용을 이어서 직접 써 보는 단계입니다.

생각 모으기
정리한 자료를 바탕으로 '플라스틱 쓰레기'와 관련한 논설문을 쓰려고 할 때, 떠오르는 내용을 써 봅니다.

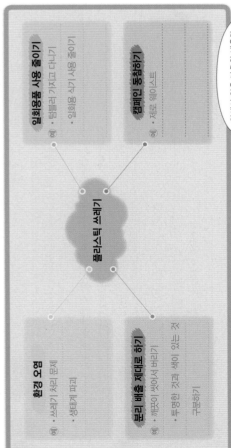

플라스틱 쓰레기

환경 오염
예) • 쓰레기 처리 문제
• 생태계 파괴

일회용품 사용 줄이기
예) • 텀블러 가지고 다니기
• 일회용 식기 사용 줄이기

분리 배출 제대로 하기
예) • 깨끗이 씻어서 있는 것
구분하기

캠페인 동참하기
예) • 제로 웨이스트

> 앞에서 모은 자료의 내용과 내가 평소 알고 있던 내용을 떠올려 쓰도록 해.

내용 정리하기
'플라스틱 쓰레기'와 관련한 논설문을 쓰기 위한 개요를 완성해 보세요.

서론
문제 상황: 예) 플라스틱 쓰레기로 인한 환경 오염이 심각하다.
주장: 예) 플라스틱 쓰레기 배출을 줄이자.

본론
근거 1: 예) 플라스틱 쓰레기의 분리 배출을 제대로 해야 한다.
근거 2: 예) 일회용품 사용을 줄이자.
근거 3: 예) 플라스틱 사용을 줄이자는 캠페인 활동에 적극 참여하자.

결론
예) 플라스틱 쓰레기를 줄여 지구를 살리자.

글로 쓰기
정리한 개요를 바탕으로 논설문을 써 보세요.

예) 플라스틱 쓰레기 배출을 줄이자

플라스틱은 우리의 생활을 아주 편리하게 해 주지만, 늘어나는 플라스틱 쓰레기가 지구를 병들게 하고 있습니다. 바닷가에 버려진 플라스틱 쓰레기는 바다에 사는 동물들의 먹이가 되어 동물을 죽게 할 뿐 아니라 생태계를 파괴하고 있습니다. 그러므로 다음과 같이 플라스틱 쓰레기를 줄이는 일에 적극 나서야 합니다.

첫째, 플라스틱의 재활용률을 높일 수 있도록 분리 배출을 제대로 해야 합니다. 플라스틱에 붙어 있는 비닐이나 종이, 테이프 등을 깨끗이 제거하고, 플라스틱 안에 묻은 내용물을 깨끗이 씻어서 배출해야 합니다. 또 색이 있는 것과 투명한 것은 분리하여 배출합니다.

둘째, 플라스틱 사용을 줄일 수 있는 생활을 실천합니다. 일회용 수저나 그릇 등의 사용을 줄이고, 텀블러나 개인 식기를 가지고 다니는 것을 생활화해야 합니다.

셋째, 플라스틱 쓰레기를 줄이기 위한 다양한 캠페인에 적극 참여하고 주변 사람들에게도 널리 알려야 합니다. 쓰레기를 줄이기 위한 '제로 웨이스트' 캠페인, 개인 용기를 식당에 가지고 다니는 '용기내 캠페인' 등 다양한 캠페인에 대해 일러서 많은 사람들이 실천할 수 있도록 합니다.

플라스틱 쓰레기를 줄이는 일, 어렵지 않습니다. 우리가 약간의 편리함만 포기한다면, 지구를 상하는 일을 줄일 수 있습니다. 오늘부터 플라스틱 쓰레기를 줄이기 위해 노력합시다.

> 문단 나누기를 해 주어야 하는 새로운 내용을 시작할 때는 문단 나누기를 해, 읽는 사람이 글의 내용을 쉽게 이해할 수 있어.

자료 정리하여 논설문 쓰기 2

어떻게 쓸까요

다음 통계 자료를 보고 생각할 수 있는 문제점을 알아봅니다.

자료 분석하기

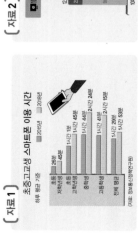

[자료 1] 초중고생 스마트폰 이용 시간
(2015년 / 2018년)

[자료 2]
이용 인터넷 중독률 12.7%, 스마트폰 중독률 29.2%

[자료 1]과 [자료 2]를 통해 알 수 있는 문제는 무엇인가요?

- 청소년의 스마트폰 중독 문제가 심각하다.
- 학생들이 인터넷이나 스마트폰을 이용하는 시간이 너무 길다.

내용 정리하기

정리한 내용을 바탕으로 논설문을 쓰기 위한 개요를 써 봅니다.

> 자료를 통해 전달하고자 하는 내용이 무엇인지 생각해 봐!

서론

문제 상황
청소년들의 스마트폰 중독 문제가 심각하다.

주장
스마트폰 사용 시간을 줄이자.

본론

근거
- 스마트폰을 장시간 사용하면 눈 건강뿐 아니라 자세에도 나쁜 영향을 미친다.
- 스마트폰을 오래 사용하는 학생들이 다른 일을 할 때 집중력이 떨어지고 스트레스나 우울감을 심게 느낄 수 있다.
- 스마트폰을 보면서 길을 먼저 다니는 학생들이 많아 안전사고 발생률이 높아진다.

결론

요약·강조
스마트폰은 우리에게 없어서는 안 될 존재이지만 너무 오래 사용할 경우 우리의 건강과 안전을 해친다. 스마트폰 사용 시간을 줄이자.

통계 자료를 보고 문제 상황에 대해 주장하는 글을 쓸 때에는 주어진 자료를 정확히 분석하고 써야 해요.

글쓰기 보기

정리한 내용을 바탕으로 주장이 잘 드러나게 논설문을 써 봅니다.

스마트폰 사용 시간을 줄이자

서론
청소년의 스마트폰 중독 문제가 심각한 수준입니다. 초등학교 고학년 학생들은 평균 하루에 1시간 45분, 중학생은 2시간 24분, 고등학생은 2시간 15분을 스마트폰 사용에 쓰고 있습니다. 10대의 스마트폰 중독률은 30퍼센트 가까운 수준입니다. 스마트폰은 우리에게 편리함과 유익함을 주기도 하지만, 과도하게 사용하는 경우 문제가 될 수 있습니다. 스마트폰 사용 시간을 줄이기 위해 노력합시다.

본론
스마트폰을 오랜 시간 사용하게 되면 건강에 나쁜 영향을 끼칩니다. 먼저 시력이 나빠질 수 있고, 거북목 등 자세에도 나쁜 영향을 줍니다. 성장하고 있는 청소년기에 시력 저하나 나쁜 자세가 생긴다면 건강에 큰 위험을 받게 됩니다.
스마트폰을 오래 사용하면 집중이 떨어집니다. 연구에 따르면 스마트폰을 오래 사용하는 학생일수록 다른 일을 할 때 집중이 떨어지게 되고, 정서적으로 좋지 않은 영향을 받게 된다고 합니다. 스마트폰이나 우울감을 쉽게 느끼는 문제도 생길 수 있습니다.
스마트폰을 다니면서 스마트폰을 손에서 놓지 않는 것도 문제입니다. 길을 걸어다니면서 스마트폰을 보는 경우, 지나가는 사람과 부딪치거나, 길을 건널 때 지나가는 차를 보지 못하는 문제가 생깁니다. 교통사고의 위험을 높이는 것입니다. 길을 걸으면서 스마트폰을 보는 것은 우리의 생명을 위협하는 행동입니다.

결론
스마트폰은 필요할 때 적당한 시간을 사용하면 우리에게 편리함과 즐거움을 줍니다. 하지만 과도하게 사용하거나 중독되는 경우, 우리의 건강이나 생명을 위협하기도 됩니다. 우리 모두 스마트폰 사용 시간을 줄입시다.

> 상대방을 잘 설득하려면 그 이유가 분명해야 하는데 이유를 주장에 대한 이유라고 해. 내 주장이 받아들여졌다면 구체적으로 어떻게 하라고 권고하는 것도 좋아. 이것을 주장에 대한 실천 방법이라고 해.

이해하며 보기

○ 글로 써 보기 정리한 내용을 바탕으로 논설문을 써 보세요.

(예) 청소년의 여가 시간은 꼭 필요하다

최근 조사에 따르면 청소년 중 70%가 넘는 학생들이 사교육을 받고 있고, 그 시간이 주당 평균 6.5시간이라고 한다. 학교 수업이 끝나고 학원까지 가서 수업을 받으면 바쁜 청소년들은 할 일이 많아 경험을 쌓으며 보낼 시간이 부족하다. 청소년들은 다양한 활동을 하며 여가 시간을 보낼 수 있어야 한다. 청소년들에게 이런 여가 시간이 필요한 이유는 무엇일까?

첫째, 청소년기에는 다양한 경험을 해 보며 자신이 좋아하는 일이 무엇인지, 어떤 것을 잘하는지 탐색해야 한다. 다양한 여가 활동과 취미 생활을 통해 흥미나 적성을 탐색할 수 있는데, 공부하는 데 모든 시간을 쓴다면 이런 탐색의 기회를 갖지 못하는 것이다.

둘째, 좋아하는 운동이나 생활을 하면서 학업으로 인한 스트레스, 교우 관계로 인한 스트레스를 해소할 수 있다. 스트레스를 많이 받으면 청소년들의 성장에 방해가 되고, 정서적으로도 불안해진다. 여가 시간에 충분히 휴식을 취하고 좋아하는 활동을 하면 스트레스를 해소하는 데 큰 도움이 된다.

셋째, 공부도 중요하지만, 공부 이외의 다양한 경험이 앞으로 인생을 살아가는 데 큰 밑거름이 된다. 다양한 경험 속에서 문제를 해결하는 능력, 대인 관계 능력, 창의성 등이 길러질 수 있다. 이런 것이 앞으로의 삶을 살아가는 데 도움이 될 것이다.

다양한 경험을 하며 꿈을 키우기 위해 청소년기를 다양한 체험을 하며 건강하게 보낼 수 있도록 여가 시간을 충분히 확보하자.

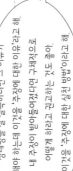

상대방을 잘 설득하려면 그 이유가 분명해야 하는데, 이것을 이유라고 해. 내 주장이 받아들여졌다면 구체적으로 어떻게 하라고 권고하는 것도 좋아. 이것을 '주장에 대한 실천 방안'이라고 해.

연습하며 보기

○ 자료 분석하기 다음 통계 자료를 보고, 생각할 수 있는 문제점은 무엇인지 정리해 보세요.

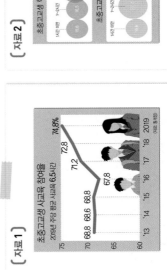

[자료 1]

초중고생 사교육 참여율
2019년 주당 평균 사교육 6.5시간
74.8%
72.8
71.2
67.8
68.8 68.6 68.8
'13 '14 '15 '16 '17 '18 2019

[자료 2]
초중고생 학교 정규 수업 시간 외 학습 시간
초중고생 평균 일 여가 활동 시간

문제 상황
(예) · 초중고생의 사교육이 지나치다.
· 청소년의 여가 활동 시간이 부족하다.
· 초중고생이 대부분의 시간을 공부하는 데 보내고 있다.

자료를 통해 전달하고자 하는 내용이 무엇인지 생각해 봐.

○ 내용 정리하기 논설문을 쓰기 위한 개요를 완성해 보세요.

서론

문제 상황
(예) 청소년들이 대부분의 시간을 학습을 위해 쓰고 있다.

주장
(예) 청소년들이 다양한 활동을 하며 여가 시간을 보낼 수 있도록 하자.

본론

근거
(예) · 흥미나 적성을 찾기 위해 다양한 활동이 필요하다.
· 여가 활동은 학업으로 인한 스트레스를 해소하고 정서적 안정에 도움이 된다.
· 청소년기의 다양한 경험이 인생의 밑거름이 된다.

결론

요약, 강조
(예) 청소년기의 다양한 체험은 성장과 성장을 위해 매우 중요하다. 청소년들이 여가 시간에 다양한 활동을 할 수 있는 환경을 만들자.

7단계 1주차 **11** 정답과 해설

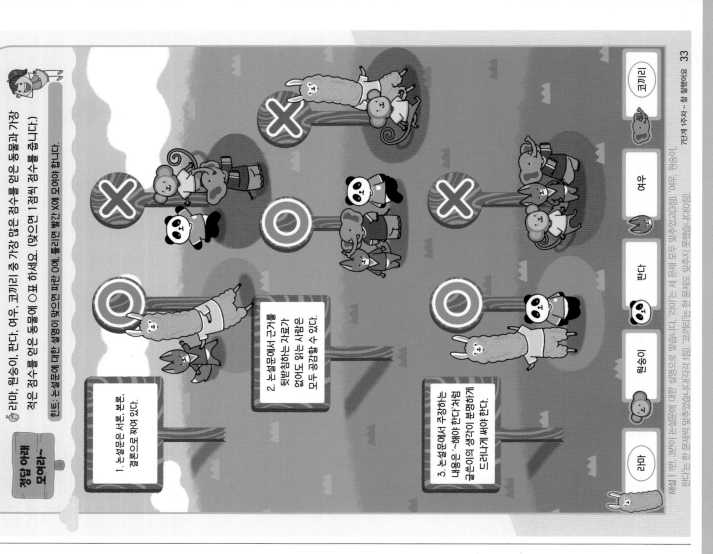

참 잘했어요

정답 아래 모여라~

🦙 라마, 원숭이, 판다, 여우, 코끼리 중 가장 많은 점수를 얻은 동물과 가장 적은 점수를 얻은 동물에 O표 하세요. (맞으면 1점씩 X에 모여야 합니다.)

힌트: 논설문에 대한 설명이 맞으면 파란 O에, 틀리면 빨간 X에 모여요.

1. 논설문은 서론, 본론, 결론으로 짜여 있다.

2. 논설문에서 근거를 뒷받침하는 자료가 없어도 읽는 사람은 모두 공감할 수 있다.

3. 논설문에서 주장하는 내용은 ~해야 한다처럼 글쓴이의 생각이 분명하게 드러나게 써야 한다.

| 라마 | 원숭이 | 판다 | 여우 | 코끼리 |

해설 1번, 3번이 논설문에 대한 설명으로 맞습니다. 2번은 논설문에 대한 설명으로 틀립니다. '라마'는 세 문제를 모두 맞혔고, '판다'는 한 문제만 맞혔으므로 판다는 X로, 라마는 O로 표시합니다. 원숭이, 여우, 원숭이 판다는 한 문제씩 맞혔습니다(각각 1점), 코끼리는 한 문제도 맞추지 못했습니다(O점).

이해해~알아요

1 다음 빈칸에 들어갈 알맞은 말을 보기에서 찾아 쓰세요.

보기: 주장   근거   서론   본론   결론   설득

(1) 논설문은 [설득]을/를 목적으로 쓴 글로, 문제 상황에 대한 [주장]과/와 그에 대한 [근거]을/를 제시합니다.

(2) 논설문은 [서론] - [본론] - [결론]의 짜임으로 이루어져 있습니다.

해설 논설문은 문제 상황에 대한 주장과 그에 대한 근거를 제시하여 상대방을 설득하기 위한 글입니다.

2 논설문의 짜임에 맞춰 알맞은 것끼리 줄로 이으세요.

(1) ㉠ 서론

(2) ㉡ 본론

(3) ㉢ 결론

- 글의 내용을 정리하거나 주장을 강조하는 내용
- 문제에 대한 주장과 그에 대한 근거
- 글을 쓰게 된 문제 상황

해설 문제 상황을 밝히고, 그에 대한 주장과 근거를 들어 주장을 다시 한번 강조하면서 표현됩니다.

3 다음 주장에 대한 근거로 알맞은 것을 보기에서 골라 기호로 쓰세요.

보기:
㉠ 규칙적인 운동은 몸을 건강하게 해 준다.
㉡ 모두가 함께 사용하는 공간이기 때문이다.
㉢ 복복 시간이 길면 두뇌 활동을 떨어뜨린다.

(1) 아침 운동을 하자. (㉠)

(2) 아침밥을 꼭 먹자. (㉢)

(3) 교실을 깨끗하게 사용하자. (㉡)

해설 주장에 대한 근거는 주장을 뒷받침해 주는 내용으로 씁니다.

쓰기가
문해력
이다

7단계

2주차 정답과 해설

기본 형식으로 발표문 쓰기

어떻게 쓸까요

발표를 듣는 사람이 흥미를 가질 만한 내용을 발표 주제로 정하는 것이 좋아.

주제 정하기 발표 주제를 정하고 발표 대상과 발표 목적을 써 봅니다.

- **발표 주제**: 우연하게 발명한 생활 속 발명품
- **발표 대상**: 우리 반 친구들
- **발표 목적**: 우리 반 친구들에게 생활 속 발명품에 대해 알려 주고, 발명에 관심을 갖게 하려는 마음을 하려고

자료 조사하기 발표할 내용과 관련한 자료를 조사하여 정리해 봅니다.

생활 속 발명품 ❶ **콜라** | 미국의 한 약사가 여러 가지 물질을 섞어 약을 개발하는 과정에서 우연히 발명함.

생활 속 발명품 ❷ **초코칩쿠키** | 식당에서 일하던 한 직원이 쿠키를 만들다가 우연히 쿠키 위에 초콜릿을 올려 구운 것이 계기가 되어 발명함.

내용 정리하기 발표문에 들어갈 내용을 정리해 봅니다.

- **처음**: 생활 속 발명품에 대해 발표하게 된 계기를 밝힘.
- **가운데**: 콜라, 초코칩쿠키를 발명하게 된 과정을 설명함.
- **끝**: 생활 속 발상 전환으로 누구나 발명가가 될 수 있다는 내용으로 마무리함.

(tip) 발표의 '처음-가운데-끝'에 들어갈 내용 중심으로 전체적인 개요를 정리합니다.

'발표문'은 알리고 싶은 내용이나 어떤 주제에 대한 생각을 발표하기 위해 쓰는 글이에요. 어떻게 하면 전달하려는 내용을 분명하게 전달할 수 있을지, 듣는 사람이 쉽게 이해할 수 있을지를 생각하며 써야 해요.

글로 써 보기 정리한 내용을 바탕으로 발표문을 써 봅니다.

생활 속 발명품

처음 여러분은 '발명' 하면 무엇이 떠오르나요? 에디슨, 아인슈타인 같은 위인들이 떠오르나요? 하지만 발명은 우리 생활 속에 가까이 있습니다. 생활 속에 우연한 기회로 만들어진 발명품을 여러분께 소개하려고 합니다.

가운데 우리가 자주 마시는 콜라가 어떻게 만들어졌는지 아시나요? 콜라는 여러 가지 물질을 연구해 약을 만들던 미국의 한 약사가 약을 만드는 과정에서 우연히 발명하였습니다. 코카 나뭇잎과 콜라 열매의 추출물, 와인을 섞어 소화가 잘 되고 두통을 없애는 약을 개발하는 과정에서 콜라가 탄생하게 된 것입니다.

초코칩쿠키도 우연히 만들어지게 되었습니다. 1930년 미국의 한 고속도로 휴게소에서 작은 식당을 운영하던 루스 웨이크필드는 직접 구운 쿠키를 휴게소 손님들에게 제공하였습니다. 어느 날 쿠키를 구워야 하는데 반죽에 넣으려던 초콜릿이 옆에 있던 초콜릿을 쿠키 반죽 위에 올려 구웠습니다. 웨이크필드는 초콜릿이 녹아서 반죽에 흡수될 것이라고 생각하고 한 행동이었습니다. 꺼내 보니 초콜릿은 그대로 굳어 있었는데, 손님들은 이 쿠키 맛에 감탄하였습니다. 우리가 먹는 초코칩쿠키는 이렇게 발명되었습니다.

콜라와 초코칩쿠키가 발명품이라는 사실, 놀랍지 않나요? 우리도 주변을 자세히 관찰하고, 조금만 생각을 바꾸면 누구나 발명가가 될 수 있습니다. 이상으로 발표를 마치겠습니다. 감사합니다.

끝

발표는 여러 사람 앞에서 하는 것이기 때문에, 높임말과 표준어를 써야 해. 그리고 듣는 사람이 이해하기 쉬운 말 속에서 발표를 들을 수 있어.

글 써 보기 — 정리한 내용을 바탕으로 발표문을 써 보세요.

예 신기한 화석

오늘 제가 발표할 내용은 신기한 화석입니다.

여러분은 화석에 대해 얼마나 알고 있나요? 화석은 주로 퇴적암으로 이루어진 지층 속에서 발견됩니다. 옛날에 실았던 생물이 흙더미 위에 오랜 시간 동안 쌓이고, 단단하게 굳어져 만들어진 것입니다. 그렇다면 화석은 모두 지층 속에서만 발견될까요? 그건 아닙니다. 지층이 아닌 곳에서 발견되는 화석도 있습니다.

'호박'이라는 것을 들어 본 적이 있나요? 우리가 먹는 아래인 호박도 있지만, 그 호박이 아니고 소나무에서 송진이 굳어져 만들어진 단단한 덩어리를 호박이라고 합니다. 호박이 굳어지면서 그 안에 곤충이 간혀 굳어진 것이 바로 호박 화석입니다. 호박 화석 속에서 발견되는 곤충은 아주 잘 보존되어 있습니다.

얼음 속에서 발견되는 화석도 있습니다. 몹시 추운 시베리아의 호수 속에서 매머드 화석이 발견 되었는데, 매머드가 얼음 속에서 굳어져 만들어진 것입니다. 얼음 속에서 발견된 화석은 살이 썩지 않은 채 남아 있기도 합니다.

지금까지 여러분은 지층에서만 화석이 발견된다고 생각하고 있지 않았나요? 오늘 발표한 것처 럼 지층이 아닌 호박이나 얼음 속에서 발견되는 신기한 화석도 있답니다. 이상으로 신기한 화석에 대한 발표를 마치겠습니다. 감사합니다.

> 발표는 여러 사람 앞에서 하는 것이기 때문에, 높임말과 표준어를 써야 해. 그리고 듣는 사람이 내용을 쉽게 이해할 수 있어 발표를 듣는 사람들이 쉽게 이해할 수 있어

개념 쏙쏙

주제 정하기 — 발표 주제를 정하고 발표 대상과 발표 목적을 써 보세요.

발표 주제 : 예 신기한 화석

발표 대상 : 예 우리 반 친구들

발표 목적 : 예 우리 반 친구들에게 지층 이외의 곳에서 발견되는 화석에 대해 알려 주기 위해서

> 발표를 듣는 사람이 흥미를 가질 만한 내용을 발표 주제로 정하는 것이 좋아.

자료 조사하기 — 발표할 내용과 관련한 자료를 조사하여 정리해 보세요.

신기한 화석 1
호박 화석 | 호박은 소나무에서 나오는 송 진이 굳어져 만들어짐. 호박이 굳어지면서 그 속에 곤충이 간혀 호박 화석이 됨.

신기한 화석 2
얼음 속에서 발견된 화석 | 1977년에 시베리아 의 호수 속에서 발견 된 매머드 화석은 얼음 속에서 살이 썩지 않은 채 남아 있었다고 함.

(tip) 화석이란 옛날에 살았던 생물의 몸체나 생물의 흔적이 암석이나 지층 속에 남아 있는 것을 말합니다.

내용 정리하기 — 발표문에 들어갈 내용을 정리해 보세요.

처음 : 예 화석이 무엇인지 간단하게 설명함.

가운데 : 예 호박 화석과 얼음 속 화석에 대해 설명함.

끝 : 예 퇴적암이 아닌 곳에서 발견되는 화석이 있다는 내용으로 발표를 마무리함.

학교생활을 주제로 발표문 쓰기

어떻게 쓸까요

생각 모으기: 학교생활을 주제로 어떤 내용을 발표하면 좋을지 떠올려 봅니다.

(tip) '해결해야 할 문제'에 대한 발표문은 의견이 들어간 발표문입니다.

- 빌려 간 책을 기한 내에 반납하지 않아서 보고 싶은 책을 오랫동안 기다려야만 했던 일이 있었다.
- 도서관에서는 이야기하거나 소란스럽게 하면 안 되는데 뛰어다니거나 떠드는 친구들 때문에 집중해서 책을 읽을 수 없었던 일도 있었다.
- 도서관 이용 규칙을 지키지 않는 친구들이 많다.

주제 정하기: 발표 주제를 정하고 발표 대상과 발표 목적을 써 봅니다.

발표 주제: 도서관 이용 규칙을 잘 지키자

발표 대상: 우리 학교 학생들

발표 목적: 우리 학교 학생들에게 도서관 이용 규칙을 잘 지키자는 나의 의견을 말하려고

> 친구들에게 이야기하고 싶은 것을 발표 주제로 정해 봐!

내용 정리하기: 발표문에 들어갈 내용을 정리해 봅니다.

처음: 도서관을 이용하면서 불편했던 경험을 말함.

가운데: 도서관에서 빌린 책을 기한 내에 반납하자, 도서관에서도 떠들거나 장난치지 말자, 빌린 책을 깨끗하게 보고 반납하자는 내용으로 의견을 말함.

(tip) 학교생활과 관련된 것 중에서 친구들에게 당부하고 싶은 내용이나 친구들이 선생님에게 제안하고 싶은 내용을 써 봅니다.

끝: 모두가 함께 이용하는 학교 도서관에서도 다른 사람을 배려하는 태도를 갖자는 말로 끝을 맺음.

의견이 들어간 발표문을 쓸 때에는 문제 상황과 해결 방법, 또는 주장과 주장에 대한 근거가 잘 드러나게 써야 해요. 듣는 사람을 설득하기 위한 목적이므로 공감할 수 있는 내용, 실천 가능한 내용이 좋아요.

글쓰 보기: 정리한 내용을 바탕으로 발표문을 써 봅니다.

처음

도서관은 우리 모두가 함께 이용하는 공간입니다

안녕하세요. 여러분은 학교 도서관을 이용하면서 불편하다고 느낀 적이 있나요? 저는 지난번 책을 빌리러 갔을 때, 제가 빌리고 싶은 책이 이미 대출 기한이 지났는데도 반납이 되지 않아서 오랫동안 책을 빌리지 못했던 적이 있습니다. 그래서 도서관 이용에 대해 하려 몇 가지 제안을 하려고 합니다.

가운데

먼저, 빌려 간 책은 대출 기한이 지나기 전에 꼭 반납합시다. 그 책이 필요하거나 읽고 싶어서 기다리고 있는 사람을 배려하여 대출 기한을 꼭 지켜 반납하면 좋겠습니다. 그리고 도서관에서는 큰 소리로 이야기를 하거나 장난을 치지 말아야 합시다. 도서관은 조용히 책을 읽는 곳입니다. 큰 소리로 떠들거나 장난을 치면 책을 읽는 친구들에게 방해가 됩니다. 다른 사람에게 피해를 주는 행동을 하지 맙시다. 마지막으로 도서관에서 빌려 간 책에는 낙서를 하거나 찢고, 구기지 맙시다. 가끔 책이 찢어져 있거나 낙서가 심해 내용이 잘 이해되지 않을 때가 있습니다. 다른 사람도 함께 보는 책이므로 내 책보다 더 소중하게 다뤄 주세요.

끝

여러분, 도서관을 이용하면서 앞으로 이 세 가지를 꼭 지켜 주세요. 반납 기한 지키기, 도서관에서 떠들지 않기, 도서관 책 소중히 다루기입니다. 조금만 노력하면 모두가 편리하게 도서관을 이용할 수 있습니다. 이상으로 저의 발표를 마치겠습니다. 감사합니다.

> 어떻게 하면 친구들이 발표에 집중할 수 있을지 생각하며, 발표하려는 내용을 받아쓰지 않고 쓰도록 해.

(tip) 개요표의 내용을 바탕으로 발표문의 중간 부분의 글부분을 완성해 씁니다. 처음 부분에는 도서관을 이용하면서 불편했던 경험을 쓰고, 가운데 부분에는 전달하려는 내용을 분명하게 정리하고, 끝부분에는 발표 내용을 정리하며 마무리합니다.

시나브로

생각 모으기
학교생활을 주제로 어떤 내용을 발표하면 좋을지 떠올려 보세요.

- 예 친구들끼리 자주 싸운다.
- 예 교과서나 준비물을 잘 챙기지 않는 친구가 많다.
- 예 쉬는 시간에 복도에서 뛰어다닌다.
- 예 급식을 남기는 친구들이 많다.

친구들에게 이야기하고 싶은 것을 골라 발표 주제로 정해 봐!

주제 정하기
발표 주제를 정하고 발표 대상과 발표 목적을 써 보세요.

발표 주제 예 급식을 남기지 말자

발표 대상 예 우리 반 친구들

발표 목적 예 우리 반 친구들에게 음식물 쓰레기를 줄이기 위해 급식을 남기지 말자는 나의 의견을 알리려고

내용 정리하기
발표문에 들어갈 내용을 정리해 보세요.

처음 예 급식을 남겨서 버리면 모두 음식물 쓰레기가 된다.

가운데 예 · 점심시간에 급식을 남기는 친구가 많다. 학생들이 급식을 남겨서 생기는 음식물 쓰레기가 양이 너무 많다.
· 반찬을 골고루 먹으면 건강에도 좋다.

끝 예 급식을 남기지 않는 일은 환경과 나를 모두 생각하는 일이다.

글로 써 보기
정리한 내용을 바탕으로 발표문을 써 보세요.

예 급식을 남기지 말자

여러분은 급식을 먹은 후, 내가 버리는 음식물에 대해 생각해 본 적 있나요? 학교 급식실에는 우리가 남긴 음식물 쓰레기가 한가득 쌓여 있는 것을 매일 볼 수 있습니다. 이처럼 매일 버려지는 음식물 쓰레기의 양이 점점 늘어나 환경 오염의 큰 원인이 되고 있다고 합니다.

내가 남겨서 버리는 음식이 쓰레기가 되어 우리가 살고 있는 환경을 파괴하는 원인이 된다면, 음식을 남기는 일에 대해 다시 한번 생각해 봐야 합니다. 맛이 없어서, 내가 좋아하는 반찬이 아니라서 등의 이유로 쉽게 음식을 버리지는 않았나요? 하지만 지금부터라도 음식물 쓰레기를 줄이기 위해서 급식을 남기지 말고 다 먹으면 좋겠습니다.

급식을 남기지 않고 다 먹는 것은 음식물 쓰레기를 줄이는 일이기도 하지만 우리의 건강에도 좋습니다. 급식은 학생들이 영양을 골고루 생각하여 만들어진 균형 잡힌 식사입니다. 급식을 잘 먹으면 영양소를 골고루 섭취할 수 있습니다. 그리고 평소에 잘 먹어 보지 않았던 음식도 먹어 볼 수 있는 기회가 되기도 합니다. 내가 먹어 보지 않았던 음식, 내가 싫어하는 음식이 나오더라도 한번씩 먹어 보려고 노력합시다.

우리가 이렇게 노력한다면 음식물 쓰레기를 줄일 수 있고, 우리의 몸도 튼튼해질 수 있습니다.

오늘 점심시간부터 급식을 남기지 않기 위해 함께 노력해 봅시다.

어떻게 하면 친구들이 발표에 집중할 수 있을지 생각하며, 발표하려는 내용을 빠트리지 않고 쓰도록 해

2주차 3회

사회 문제를 주제로 발표문 쓰기

어떻게 쓸까요

자료 살펴보기 다음 자료를 살펴보고 발표 주제를 생각해 봅니다.

- **세계 환경의 날** 1972년 6월 스웨덴에서 열린 '유엔인간환경회의'에서 114개국의 정부 대표가 모여 세계인들의 환경 보전에 대한 중요성을 알리기 위해 개최일인 6월 5일을 세계 환경의 날로 정하였습니다.
- **지구 온난화** 지구의 평균 기온이 높아지는 것을 말합니다. 산업 활동이나 생활하면서 나오는 탄소의 배출량이 증가하면서 이것이 지구를 둘러싸서, 지구 대기의 열이 빠져나가지 못해 지구의 온도가 올라가게 되는 것입니다.
- **탄소 중립** 배출되는 탄소의 양과 다시 흡수되는 탄소의 양을 같게 하여 결주 탄소 배출을 '0'이 되도록 하는 것입니다. '탄소 제로'라고 말하기도 합니다.

> 문제 상황과 관련된 인터넷 기사나 뉴스를 더 찾아보면 발표문을 쓰는 데 도움이 될 거야.

주제 정하기 발표 주제를 정하고 발표 대상, 내용을 정해 봅니다.

발표 주제 탄소 배출을 줄이자

발표 대상 우리 학교 학생들

발표 내용 탄소 배출을 줄이기 위해 우리가 할 수 있는 일 실천하기
- 계절별 실내 적정 온도 유지하기
- 쓰지 않는 전기 제품의 코드 뽑기
- 플라스틱 쓰레기 줄이기
- 대중교통 이용하기

내용 정리하기 발표문에 들어갈 내용을 정리해 봅니다.

처음 세계 환경의 날에 대한 설명

가운데 우리가 실천할 수 있는 탄소 배출을 줄이는 방법 알려 주기

끝 탄소 배출을 줄여, 지구 환경을 살리자는 내용을 다시 한번 강조하기

글로 써 보기 정리한 내용을 바탕으로 발표문을 써 봅니다.

지구를 살리자

처음 '세계 환경의 날'에 대해서 들어 본 적이 있나요? 전 세계 사람들 모두가 환경에 관심을 갖고, 환경 보호를 위해 노력하는 취지에서 매년 6월 5일을 '세계 환경의 날'로 정했습니다. 여러분은 환경 보호를 위해 얼마나 노력하고 있나요?

가운데 우리는 살아가면서 수많은 탄소를 배출합니다. 배출된 탄소 때문에 지구의 열이 대기 밖으로 배출되지 못해 지구 온난화 문제가 생깁니다. 지구의 온도가 올라갈 때마다 폭염, 산불, 가뭄 등의 기후가 나타나고 자연재해가 생깁니다. 그렇다면 탄소 배출을 줄이기 위해 우리는 어떤 노력을 해야 할까요?

먼저 여름철과 겨울철, 실내 적정 온도를 유지합니다. 에어컨이나 난방기를 과도하게 사용하면 전기 에너지가 낭비됩니다. 에너지를 절약하는 일은 탄소 배출을 줄일 수 있는 가장 좋은 방법입니다. 또 쓰지 않는 전기 제품의 코드는 빼두어야 합니다. 사용하지 않고 꽂아만 두어도 전기 에너지가 사용되기 때문에 전기 제품의 전원을 끄고 코드까지 빼 두는 일을 습관화해야 합니다.

다음으로 한 번 쓸 수 있는 일회용품 사용이나 플라스틱 제품 사용을 줄여 플라스틱 쓰레기 배출을 줄이는 일입니다. 일회용품이나 플라스틱 제품을 만들어지는 과정, 쓰고 버려지는 과정에서도 엄청난 양의 탄소가 배출됩니다.

마지막으로 자동차 대신 대중교통을 이용하고, 가까운 거리는 걸어 다니거나 자전거를 탑니다. 탄소 배출 줄이기, 생각보다 어렵지 않습니다. 주변을 둘러보세요. 낭비되고 있는 에너지가 있지는 않은지, 쓰레기가 불필요하게 만들어지고 있지는 않은지 살펴봅시다.

끝 우리의 작은 실천이 지구를 살릴 수 있습니다.

> 사회 문제에 대한 발표문에서 이견을 주장할 때는 객관적인 자료를 근거로 제시해야 공감을 얻을 수 있어.

◈ 자신의 의견을 제시하는 내용으로 발표문을 쓸 때에는 이전의 분명하게 드러나도록 써야 해요. 자신의 의견이 읽는 사람의 공감을 얻기 위해서는 근거가 논리적이고 타당한 내용이어야 해요.

이렇게 써 봐요

자료 살펴보기
다음 자료를 살펴보고 발표 주제를 생각해 보세요.

- **전염병**: 바이러스나 세균, 곰팡이 등으로 인해 생기는 감염병 중에서 동물이나 음식물, 흙 에이나 침, 공기 등에 의해 다른 사람에게 옮을 수 있는 병.
- **페스트**: 페스트균이 일으키는 전염병. 감염 숙주가 빠름. 살덩이가 썩어서 검게 되기 때문 에 흑사병으로 불림. 주로 쥐에 붙어사는 페스트균을 가진 벼룩에 의해 감염됨.
- **천연두**: 공기를 통해 쉽게 전염됨. 16세기에 스페인 군대가 아즈텍 제국을 정복하는데 영 향을 줌. 천연두에 걸린 스페인 원주민에게 천연두를 옮겼고, 면역이 없었 던 원주민들이 천연두로 죽게 되면서 스페인이 아즈텍을 쉽게 정복함.
- **스페인 독감**: 1차 세계 대전 중에 스페인 독감이 퍼졌는데, 전쟁 후 각국으로 돌아간 군인 들에 의해 전 세계로 퍼짐. 2,500만 명이 넘는 사람들이 스페인 독감으로 목숨을 잃음.

주제 정하기
발표 주제를 정하고 발표 대상과 발표 내용을 써 보세요.

발표 주제: 예) 인류를 위협하는 전염병

발표 대상: 예) 우리 반 친구들

발표 내용: 예)
- 전염병이란 무엇인가
- 과거의 전염병과 그 영향
- 전염병을 예방하기 위한 방법

내용 정리하기
발표문에 들어갈 내용을 정리해 보세요.

처음: 예) 전염병에 대해 밝힘.

가운데: 예) 역사적으로 전 세계에서 유행했던 전염병을 설명함.

끝: 예) 전염병의 위협에서 벗어날 수 있는 방법을 제시하며 마무리함.

글로 써 보기
정리한 내용을 바탕으로 발표문을 써 보세요.

예) 인류를 위협하는 전염병

코로나19는 우리 삶의 여러 측면에 영향을 주고 있습니다. 매일 마스크를 착용하고, 온라인 수업 이나 재택 근무 등 우리는 예전과 전혀 다른 모습으로 살고 있습니다. 코로나19처럼 바이러스나 세 균, 곰팡이 등으로 인해 생기는 감염병 중에서 동물이나 음식물, 사람이 옮아나 침, 공기 등을 통 해 다른 사람들에게 옮을 수 있는 병을 전염병이라고 합니다. 인류는 지금까지 다양한 전염병의 영 향을 받아 왔습니다.

흑사병이라고도 불리는 페스트는 쥐에 붙어사는 페스트균을 가진 벼룩에 의해서 생기는 병입니 다. 고열이나 구토, 현기증 등이 심한 중에서 나타나는 병인데, 이 병으로 중세 시대에 많은 사람들 이 목숨을 잃었습니다. 천연두는 공기를 통해 전염이 되는 병입니다. 16세기 스페인 군은 천연두로 인해 아즈텍 제국을 쉽게 정복할 수 있었습니다. 천연두에 걸린 스페인 군사가 아즈텍 원주민에게 천연두를 전염시켜 아즈텍 원주민들이 많이 죽게 되었기 때문입니다. 전쟁 사망자보다 더 많은 사 망자를 낸 스페인 독감도 있습니다. 스페인 독감은 1차 세계 대전 때 생겼는데, 전쟁이 끝나고 각국 으로 돌아간 군인들에 의해 전 세계로 퍼졌습니다. 스페인 독감으로 2,500만 명이 넘는 사람들이 목숨을 잃었습니다.

우리는 지금 코로나19로 생명의 위험을 받고 있습니다. 이런 무서운 전염병으로부터 우리 몸을 지키기 위해서는 외출할 때에는 반드시 마스크를 쓰고, 될 수 있으면 마스크를 벗지 않아야 합니다. 손을 자주 씻고, 씻지 않은 손으로 눈이나 코를 만지지 않습니다. 또 많은 사람들이 모이는 곳은 되 도록 가지 않아야 합니다.

전염병으로부터 우리의 몸을 지키는 일, 꼭 기억하고 실천합시다.

참 잘했어요

꽃말에 대해 발표하기 위해 만들어 온 꽃다발의 꽃 가격은 얼마인지 써 보세요.

힌트: 각각의 꽃 한 송이의 가격을 먼저 구해 보세요.

얼마예요?

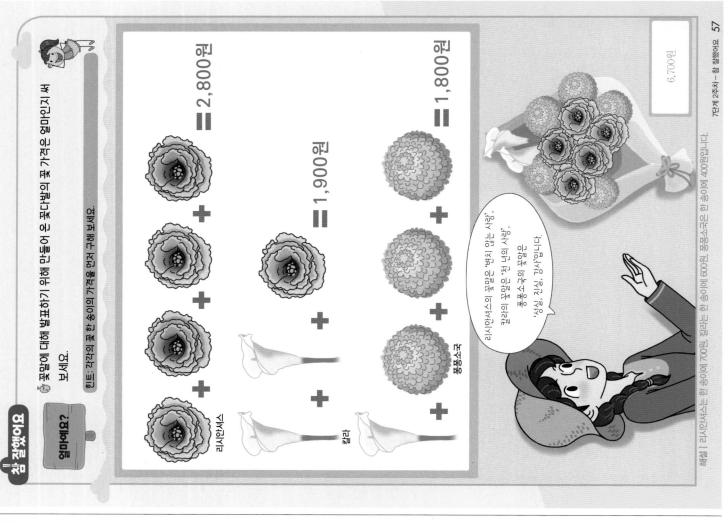

= 2,800원

= 1,900원

= 1,800원

리시안서스 · 칼라 · 풍종소국

리시안서스의 꽃말은 '변치 않는 사랑', 칼라의 꽃말은 '천 년의 사랑', 풍종소국의 꽃말은 '성실, 진심, 감사'입니다.

6,700원

해설 | 리시안서스는 한 송이에 700원, 칼라는 한 송이에 600원, 풍종소국은 한 송이에 400원입니다.

아하! 알았어요

1 다음에서 설명하는 글의 종류는 무엇인지 쓰세요.

> 알리고 싶은 내용을 전달하거나 어떤 주제에 대한 생각이나 의견을 발표하기 위해 쓰는 글입니다. 이렇게 하면 전달하려는 내용을 분명하게 전달할 수 있을지, 듣는 사람이 쉽게 이해할 수 있을지 생각하며 써야 합니다.

(발표문)

해설 | 발표문에 대한 설명입니다.

2 발표문을 쓰기 전에 고려해야 할 사항으로 알맞은 것에 ○표 하세요.

(1) 발표를 들을 사람이 누구인가? ○

(2) 내가 가장 감명 깊게 읽은 책은 무엇인가?

(3) 어떤 내용을 발표할 것인가? ○

(4) 우리 반에서 가장 발표를 잘하는 사람이 누구인가?

해설 | 내가 가장 감명 깊게 읽은 책에 대한 글은 독후감, 읽은 책에 대한 글은 독후감 쓰기 전에 사용물을 사용물이라고 고려해야 할 사항을 사용합니다.

3 발표문을 쓸 때 주의할 점으로 알맞은 것에 모두 ○표 하세요.

(1) 발표 내용이 잘 전달될 수 있도록 명확하게 쓴다. ○

(2) 발표를 들을 대상에 맞는 수준의 낱말을 사용하여 쓴다. ○

(3) 발표 내용과 관련이 없더라도 생각되는 내용을 모두 쓴다.

해설 | 발표 내용과 관련이 없는 내용은 중요한 것이라도 쓰지 않아야 합니다.

쓰기가
문해력
이다

7단계

3주차 정답과 해설

기본 형식의 자서전 쓰기

이렇게 쓸까요

자서전이란? 자서전과 전기문 모두 인물의 삶에 대해 쓴 글이에요. 자서전은 '내가 나의 삶에 대해 쓴 글'이고, 전기문은 '다른 사람의 삶에 대해 쓴 글'이라는 점에서 큰 차이가 있어요. 자서전은 글쓴이의 경험과 생각을 바탕으로 직접 쓰기 때문에 주관적인 내용이 대부분이지만, 전기문은 객관적인 자료를 바탕으로 써요.

인생 돌아보기 | 자신의 인생을 되돌아보며 중요한 사건을 표로 정리해 봅니다.

안중근

- 1879년 출생함.
- 9세: 서당에서 한문 공부
- 16세: 결혼함.
- 1905년 러일 전쟁 상하이로 떠남.
- 고향으로 돌아와 청년들을 가르침.
- 1909년 이토 히로부미 저격
- 1910년 사망함.

내용 정리하기 | 각 부분의 중심 내용을 정리하며 자서전의 특징이 무엇인지 생각해 봅니다.

(말풍선) 안중근 의사가 언제, 어떤 일을 겪었는지, 무엇을 했는지 살펴보면 돼.

1
- 1879년에 태어남.
- 9세까지 서당에서 한문을 공부함.
- 사냥을 좋아해서 사냥꾼을 따라다님.

2
- 16세에 결혼함.
- '친구와 의롭게 지내는 것, 춤추고 노래하는 것, 사냥하는 것, 말을 타고 달리는 것' 네 가지 일을 좋아함.

3
- 1905년 러일 전쟁이 일어남.
- 일본의 음모를 깨닫고, 상하이로 떠남.

4
- 우연히 곽 신부를 만남.
- 곽 신부의 말을 듣고 다시 고향으로 돌아가 삼흥학교와 돈의학교를 세움.

자서전은 나의 삶을 되돌아보며 쓴 글이에요. 자신의 삶에서 기억하고 싶은 경험이나 감정들을 시간 순서대로 쓰기도 하고, 그동안 썼던 일기나 편지글 등을 모아 자서전으로 만들기도 해요.

(말풍선) 자서전은 겪음 순서에 따라 중요한 겪음을 골라서 써요.

자서전 읽어 보기 | 안중근 의사의 자서전을 읽어 보고 자서전의 특징을 알아봅니다.

1 나는 1879년 9월, 대한민국 황해도에서 태어났다. 어릴 때는 할아버지, 할머니의 사랑을 듬뿍 받으며 자랐고, 서당에 들어가 9세까지 한문을 공부했다.
어릴을 때는 사냥을 좋아해 항상 사냥꾼을 따라다녔다. 좋을 메고 산에 올라가 짐승들을 사냥하는 것이 즐거웠다. 공부를 열심히 하지 않는다고 부모님과 선생님께서 나무라셨지만, 사냥을 포기할 수 없었다.

2 16세가 되던 해 아내와 결혼했다. 17, 18세에는 기골이 장대하여 무슨 일이든지 남에게 뒤지지 않았다. 좋아하는 네 가지 일이 있었는데. 첫째는 친구와 의롭게 지내는 것, 둘째는 춤추고 노래하는 것, 셋째는 사냥하는 것, 넷째는 말을 타고 달리는 것이었다.
하루는 친구들과 노루 사냥을 하는데 탄환의 화약이 폭발하여 쇠조각이가 내 손을 뚫고 지나갔다. 바로 병원으로 가서 치료를 받아 큰 문제는 없었지만, 아직도 그때 입을 떠올리면 등골이 오싹해진다.

3 1905년, 25세 되던 해에 인천 앞바다에서 일본과 러시아의 전쟁이 일어났다는 소식이 들려왔다. 그때 나는 신문, 잡지와 각국 역사를 읽고 과거와 현재, 미래의 일들을 추측하고 썼 었다. 러일 전쟁이 끝난 뒤에, 이토 히로부미가 우리나라로 건너와 정부를 위협하고 강제 조약을 맺었다.
"일본이 러시아와 전쟁을 시작할 때, '동양의 평화를 유지하고 대한의 독립을 굳건히 하겠 다.'라고 약속하였으니, 그 약속을 지키지 않고 음흉한 계략을 계획하고 있는데 그것은 일본의 정치가인 이토의 음모입니다. 강제로 조약을 맺고, 우리 땅을 삼키려는 것이 있다고 합니다. 우리 겸은도 그곳으로 옮겨 산다가 주을 도모하는 것이 상하이로 갔다. 여러 대한인을 만나 뜻을 나누는 아버지께 이렇게 말씀드리고, 곧 집을 떠나 상하이로 갔다. 여러 대한인을 만나 뜻을 함께하자고 이야기했지만 모두 거절했다.
비통함에 잠겨 있던 어느 날, 우연히 곽 신부를 만났다. 곽 신부는 프랑스 사람으로 여러 해 동안 국내에 머물며 황해도 지방에서 교육을 하고 있어서 곽 신부 때문에 나와 절친한 사이였다. 곽 신부는 나에게 보국수의 마음으로 교육을 장려하고, 경제를 일으키고, 민심을 단합한 후에 목적을 달성할 수 있을 것이라고 조언했다. 곽 신부의 마음을 듣고 다시 고향으로 돌아가 1906 년, 삼흥학교와 돈의학교를 세워 제주가 뛰어난 청년들을 가르치기 시작했다.

(tip) 자서전의 일부를 읽어 보도록 합니다.

이해가 쌓여요

○ **내용 떠올리기** 지난 일주일 동안의 '나'의 삶에 간단히 써 보세요.

자서전을 쓰기 전에 자서전은 '나'의 삶에 대한 기록이에요. 나의 생활 속에서 체험한 이야기를 적은 글이나 일기, 편지를 모아서 자서전으로 쓸 수 있어요. 생활문 쓰기 연습을 하면 자서전을 좀 더 잘 쓸 수 있어요. 그럼 일주일 동안 기억에 남는 일을 떠올려 차례대로 쓰면서 자서전 쓰는 연습을 해 보세요.

월	화	수	목	금	주말
개학	학급 임원 선거	미술 학원 등록	숙제를 놓고 학교에 감	삼촌이 집에 옴	가족 여행을 감

자서전은 주인공과 글쓴이가 같은 인물이야.

○ **글감 정리하기** 글감 찾기를 해 봅시다. 위에서 정리한 일 중에서 이미 있어서 생각되는 일을 2~3가지 골라 자세히 써 보세요.

1 예 월: 일요일에 여름 방학이 끝나고 학교에 갔다. 1학기 때에는 온라인 수업이 대부분이라 친구들을 만나는 일이 적었는데 오랜만에 반 친구들을 모두 만나게 되었다.
면 회장이 될지를 이야기했다.

2 예 화: 2학기 학급 임원 선거가 있었다. 나는 회장 후보로 나섰다. 나 말고도 후보는 세 명이 더 있었다. 친구들에게 어여섯문을 준비해 집에서 연습도 하고 갔었다. 친구들 앞에서 말하려니 영창 떨렸다. 선생님께서 투표 용지에 적한 이름을 한 명 한 명 불러수실 때마다 기슴이 콩닥거렸다.

3 예 주말: 가족 여행을 갔다. 등산도 하고 맛있는 밥도 먹었다. 맑은 공기를 마시며 산에 오르니 기분이 상쾌했다. 이름을 먹고 잠을 정돈 정돈으로 중발했다. 일찍 출발했는지 차가 막혀 꽤 걸렸다. 차를 타는 시간이 길어 서 피곤하고 힘들었다. 하지만 오랜만의 가족 여행이라 즐거웠다.

○ **글로 보기** 정리한 내용을 바탕으로 일주일 동안의 '나'의 삶을 실은 자서전 형식으로 써 보세요.

예 2021년 8월의 마지막 주

월요일 아침, 드디어 개학날이다. 방학이 끝나고 친구들을 만날 생각을 하니 설렜다.
온라인 수업을 하느라 학교에 가는 날이 많지 않았는데 2학기에는 친구들과 선생님과 직접 만나 수
업하는 날이 많았으면 좋겠다. 빨리 친구들과 마스크도 벗고 마음 편히 학교에 가는 날이
오길 바란다.

화요일에는 2학기 학급 임원 선거가 있었다. 나는 1학기에 임원 선거에 나가지 못했던 것이 계속
아쉬웠다. 그래서 2학기가 되면 꼭 임원 선거에 후보로 나가야 하고 생각하고 있었다. 막상 후보
로 나가려니 떨렸다. 하지만 집에서 연습한 대로 친구들 앞에서 회장이 되겠다고 이렇게 하겠다고 이
야기했다. 결국 두 표 차이로 나는 부회장이 되었다. 아쉬운 마음이 있었지만, 나를 뽑아 준 친구들
에게 고마운 마음도 들고, 용기 내어 도전한 나 스스로가 대견하다고 생각했다.

주말에는 가족과 함께 오랜만에 여행을 떠났다. 청송까지 가는 길이 꽤 멀었지만, 가족들과 이야
기를 나누며 가니 금세 도착한 기분이었다. 주차장에 가서 등산을 했다. 올라가는 길이 조금 힘들게
느껴지기도 했지만 정상에 눈앞에 펼쳐진 멋진 풍경을 보니 기분이 상쾌했다. 내려오는 길에는 청송 특산
물인 사과로 만든 사과즙도 먹어 보았다. 정말 꿀맛이었다. 숙소에서 부모님께서 차려 주신 맛있는
저녁도 먹었다. 오랜만에 가족과 뜻깊은 시간을 보내서 너무 즐거웠다. 자주 이런 시간이 있었으면
좋겠다.

정리한 일을 시간 순서대로 써 봐. 내용이 비슷한 때는 묶단 나누기를 하면 읽는 사람이 더 쉽게 읽을 수 있어.

자서전을 쓰면 나의 삶을 돌아볼 수 있어요. 나에게 의미 있는 일들을 기록으로 남길 수 있고, 다른 사람들과 공유할 수 있어요.

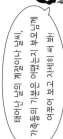

자료 준비하기 '나'에 대해 생각해 볼 것 중 다음의 물음에 답하며 자서전으로 쓸 내용을 정리해 봅니다.

1 내가 태어난 날은 언제인가요?
→ 2010년 12월 28일 서울에서 태어났다.

2 나의 삶에 가장 크게 영향을 준 사람은 누구인가요? 왜 그렇게 생각하나요?
→ 우리 엄마이다. 엄마는 나랑 가장 많은 시간을 보내고 대화도 많이 하기 때문이다. 고민이나 걱정이 생기면 엄마랑 의논하면서 해결하기도 한다.

3 가장 즐거웠던 경험을 떠올려 보세요. 언제, 누구와 있었던 일인가요?
→ 일곱 살 때 가족들과 일본 여행을 갔던 일이다. 처음 갔던 해외여행이라 더 기억에 남는다.

4 가장 힘들었던 일은 무엇인가요? 왜 힘들었나요?
→ 외할머니가 돌아가셨을 때 너무 슬펐다. 외할머니는 어렸을 때 나를 돌봐 주셨는데, 내가 4학년 때 돌아가셨다. 할머니를 다시는 만날 수 없다는 생각을 하니 너무 슬퍼서 며칠 동안이나 울었다.

5 가장 후회되는 일은 무엇인가요? 시간을 되돌린다면 어떻게 하고 싶나요?
→ 5학년 때 친구 지연이와 싸웠던 일이다. 그때 이후로 지연이와 사이가 예전 같지 않았는데, 내가 조금만 더 지연이의 입장을 이해해 줄 걸 그랬다는 생각이 든다. 그랬다면 지금도 예전처럼 지연이와 잘 지내고 있을 것이다.

> 태어난 날의 계절이나 날씨, 가족들의 기분은 어땠는지 부모님께 여쭈어 보고 자세히 써 봐.

어떻게 쓸까요

지금까지의 '나'를 주제로 자서전 쓰기

'나'에 대해 생각해 보기 지금까지의 '나'를 생각하며 떠오르는 내용을 써 봅니다.

내가 세상과 만난 날
- 2010년 12월 28일
- 서울에서 태어났음.
- 눈이 많이 오는 겨울날

나에게 영향을 많이 준 사람
- 엄마
- 엄마는 나와 가장 많은 시간을 보내고 대화도 많이 하기 때문임.
- 고민이나 걱정이 생기면 엄마랑 의논하기 때문임.

즐겁고 기뻤던 일
- 가족과 함께 일본으로 여행 갔던 일
- 초등학교에 입학하던 날
- 친구들과 생일 파티를 했던 일

슬프고 힘들었던 일
- 외할머니가 돌아가셨을 때
- 친구가 전학 갔을 때

되돌리고 싶은 일
- 친구와 싸우고 화해하지 못했던 일

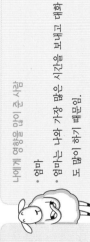

이렇게 써 보아요

시간 정리하기

'나'의 삶을 되돌아보며 중요한 사건을 시간 순서대로 정리해 봅니다.

| 2010년 태어남. | 5살 겁이 많았음. | 7살 가족과 해외 여행을 감. | 8살 초등학교에 입학함. | 11살 외할머니께서 돌아가심. | 주말 가족 여행 |

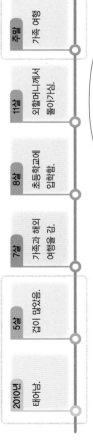

어렸을 때부터 지금까지 겪은 일 중에서 기억에 남는 것을 골라 써 봐. 그 일을 겪고 난 후 달라진 점, 생각의 변화 등을 함께 쓰면 더 좋아.

1 태어났을 때부터 다섯 살까지의 이야기

- 내가 태어난 날은 눈이 많이 오는 겨울날이었다. 나를 처음 본 외할머니는 내가 엄마 어렸을 때와 너무 닮아 놀라셨다고 한다.
- 어렸을 때는 겁이 많았다. 다섯 살까지 마당이 있는 집에 살았는데, 마당에 고양이나 새만 있어도 겁을 내면서 무서워했다.
- 앞집에 사는 친구 제춘이와 매일같이 싸웠다. 제춘이는 장난이 심해서 나를 괴롭히는 일이 많았다.

2 일곱 살 때부터 초등학교 5학년 때까지의 이야기

- 일곱 살 때, 가족과 일본으로 여행을 갔다. 처음 타 보는 비행기도 너무 신기했고, 그때 갔던 아쿠아리움도 너무 신기했다.
- 처음 학교에 입학하던 날, 무척 긴장되고 설레었다. 담임 선생님의 첫인상이 너무 무서워서 더욱 긴장되었다.
- 2학년 때 가장 기억에 남는 일은 내 생일날에 친구들을 우리 집에 초대한 것이다. 친구들에게 선물도 받고 엄마가 차려 주신 맛있는 음식도 먹었다.
- 4학년 때는 내가 가장 좋아하는 외할머니께서 돌아가셨다. 어렸을 때 외할머니와 많은 시간을 보냈고, 외할머니께서 나를 엄청 예뻐해 주셨는데 이제는 만날 수 없다고 생각하니 정말 슬펐다.

3 초등학교 5학년부터 현재까지의 이야기

- 5학년 때, 단짝인 지연이와 싸웠다. 서로 오해가 생겼는데 잘 풀지 못하고 결국 지금까지 서먹한 상태로 지내고 있다. 시간을 되돌린다면 지연이와 오해를 잘 풀고 싶다.
- 6학년 시절은 나에게 가장 즐거운 시간이었다. 선생님도 친구들도 모두 좋았고, 즐거운 일들도 많았다. 졸업하던 날 친구들과 엉엉 울었는데 중학교에 가더라도 자주 연락하며 지내고 싶었다.

글로 써 보기

정리한 내용을 바탕으로 '13살 나의 인생'을 주제로 자서전을 써 보세요.

예 13살 나의 인생

2010년 12월, 눈이 많이 내리던 날 나는 서울에서 첫째로 태어났다. 외할머니는 나를 처음 봤을 때, 엄마가 태어났을 때의 모습과 너무 닮아서 놀랐다고 하셨다. 아기일 때부터 신중하고 남도 잘 먹어서 엄마는 나를 기특하게 생각하셨다고 한다.

다섯 살 때까지는 나랑 마당이 있는 이층집에서 살았다. 지금도 그렇지만 어렸을 때는 겁이 많아 무서워 집 밖으로 나가지 못했다. 우리 앞집에는 제춘이라는 친구가 살았다. 제춘이는 장난이 심해서 우리는 매일같이 싸웠다.

일곱 살 때 처음으로 가족과 해외여행을 갔다. 나는 비행기를 탈 생각에 너무 설레어 며칠 동안 잠을 설쳤다. 여행을 떠나는 날, 부모님과 함께 가던 공항의 모습이 아직도 생생하게 기억난다.

여덟 살이 되어 초등학교에 입학했다. 아직도 학교에 가던 첫날 벌리는 마음이 기억난다. 처음 보는 교실과 선생님, 친구들 모두 신기했다. 선생님의 첫인상이 너무 무서워서 걱정이 되기도 했다.

초등학교 4학년 때, 나에게 가장 힘든 일이 있었다. 바로 외할머니께서 돌아가신 것이다. 어렸을 때 외할머니와 시간을 많이 보냈고, 나를 정말 예뻐해 주셔서 나는 외할머니를 다시 만날 수 없다고 생각하니 너무 슬펐다. 며칠을 울며 눈물을 내고 밥도 잘 먹지 못했다. 지금도 외할머니를 떠올리면 보고 싶은 마음에 눈물이 난다.

6학년이 된 나의 초등학교 생활 중 가장 즐거웠던 시간이었다. 친구들과 정말 많이 웃었고, 매일 웃으며 학교를 다녔다. 졸업하는 날 친구들과 정말 많이 울었다. 좋아하고 헤어지더라도 자주 만나자고 약속했다.

13살 나의 인생을 되돌아보니, 나는 비교적 행복하고 즐거운 삶을 살고 있다고 생각되었다.

30년 후의 '나'를 주제로 자서전 쓰기

어떻게 쓸까요

'나'의 미래에 대해 떠오르는 내용을 써 봅니다.

30년 후의 '나'를 상상해 보며 떠오르는 내용을 써 봅니다.

생각 모으기

1년 후 나의 모습
- 주말마다 등산을 다녀서 체력이 좋아져 있을 것이다.
- 키가 많이 컸을 것이다.
- 책을 많이 읽을 것이다.
- 중하교 친구들과도 잘 지내고 있을 것이다.

고등학생 때 나의 모습
- 영어를 좋아하는 친구들과 함께 영어 동아리를 만들어 영어 공부를 하고 있을 것이다.
- 공부도 열심히 하고, 한 달에 한 번씩 주말에는 유기견 보호 센터에서 봉사 활동을 할 것이다.

20대가 된 나의 모습
- 대학생이 되어 즐겁게 학교생활을 하고 있을 것이다.
- 아르바이트를 해서 모은 돈으로 방학에는 친구들과 해외여행도 다닐 것이다.
- 대학교 2학년 때는 학교를 휴학하고 외국 생활을 하고 있을 것이다.
- 대학교를 졸업한 후에는 대학원에서 통번역을 공부하고 있을 것이다.
- 대학원 졸업 후에는 통역사가 되어 일하고 있을 것이다.

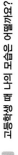

30대가 된 나의 모습
- 결혼을 하고 아이도 한 명 낳아서 세 식구가 행복하게 살고 있을 것이다.
- 통역사로도 열심히 일하면서 해외 출장도 자주 다니고, 여행도 많이 할 것이다.

40대가 된 나의 모습
- 통역사로 유명해져 통역사의 직업에 대해 알려 주기도 하고, 통역사가 되려면 어떤 노력을 해야 하는지 등을 여러 사람들 앞에서 강연하고 있을 것이다.
- 지금까지 살아온 나의 삶에 대해 쓴 자서전을 책으로 펴낼 것이다.

30년 후라고 가정하고, 2회에서 쓴 자서전에 이어 뒷이야기를 써 봅니다.

> 가 나이대별로 초반, 중반, 후반으로
> 나누어 어떤 모습일지 생각해 봐. 해당 나이가
> 되었을 때 이루고 싶은 일은 무엇인지, 친구나 가족 등
> 주변 사람들과는 어떻게 지내고 있을지 않아.

자료 준비하기 '나'의 미래에 대해 생각해 본 것 중, 다음 물음에 답하며 자서전으로 쓸 내용을 정리해 봅니다.

1 1년 후 나의 모습은 어떨까요?
주말마다 등산을 다녀서 체력이 아주 좋아져 있을 것이다. 키도 지금보다 더 컸을 것이고, 책도 많이 읽을 것이다. 중학교에 와서 알게된 친구들과도 잘 지낸다.

2 고등학생 때 나의 모습은 어떨까요?
나는 영어를 좋아하는 친구들과 함께 영어 동아리를 만들어 영어 공부를 하고 있을 것이다. 가고 싶은 대학교에 들어가기 위해 공부도 열심히 하고, 한 달에 한 번씩 주말에는 유기견 보호 센터에서 봉사 활동을 할 것이다.

3 20대가 된 나의 모습은 어떨까요?
20대 초반에는 대학생이 되어 즐겁게 하교생활을 하고 있을 것이다. 아르바이트를 해서 모은 돈으로 방학에는 친구들과 해외여행도 다닐 것이다. 대학교 2하년 때는 하교를 휴학하고 미국이나 호주에서 한 학기 정도 생활을 할 것이다. 20대 중반에는 대학교를 졸업하고 대학원에 가서 통역과 번역을 공부할 것이다. 대학원에서까지 졸업하고 나는 통역사가 되어 일하고 있을 것이다.

4 30대가 된 나의 모습은 어떨까요?
30대 초반에는 결혼을 해서 가정을 이룰 것이다. 통역사로도 열심히 일하고, 아이도 한 명 낳아서 세 식구가 행복하게 살고 있을 것이다. 통역사로 일하면서 해외 출장도 자주 다니고, 여행도 많이 할 것이다.

5 40대가 된 나의 모습은 어떨까요?
40대에는 통역사로 유명해져 사람들에게 통역사의 직업에 대해 알려 주기도 하고, 통역사가 되려면 어떤 노력을 해야 하는지 등을 여러 사람들 앞에서 강연하고, 지금까지 살아온 나의 삶에 대해 쓴 자서전을 책으로 펴낼 것이다.

이렇게 봐요

사건 정리하기

정리한 내용을 바탕으로 30년 후의 '나'라고 가정하고 가장하고 중요한 사건들을 시간 순서대로 써 봅니다.

1 10대
- 내가 중·고등학교 때 가장 좋아하는 과목은 영어였다. 영어로 된 소설을 읽거나 미국 드라마를 즐겨 보았다.
- 고등학교 때에는 나와 취미가 비슷한 친구들과 동아리를 만들어 함께 모여서 공부했다.
- 대학교에 가서도 영어를 전공하고, 통역사가 되고 싶다는 생각을 했다.

2 20대
- 고등학교를 졸업하고 외국어대학교 영어과에 입학했다.
- 1학년 여름 방학에는 친한 친구와 미국으로 여행을 다녀왔다. 한 달 동안 미국의 유명한 곳들을 여행하며 보고 느낀 것이 참 많았다.
- 대학교 2학년을 마치고, 미국으로 교환 학생으로 떠났다. 외국인 친구도 많이 사귀었다.
- 대학교를 졸업하고 통번역대학원에서 공부하면서 본격적으로 통역사가 되기 위한 준비를 했다. 힘들고 어려웠지만 통역사가 되겠다는 꿈을 가지게 되었던 순간을 기억하며 열심히 공부했다.

3 30대
- 통역사로 일을 열심히 일하며 경력을 쌓았다. 다양한 분야의 통역을 맡으면서 아는 것도 많아지고, 점점 일할 때 자신감이 생겼다.
- 32살에는 결혼을 해서 가정을 이루었다. 결혼한지 3년째가 되던 해에 이쁜 딸을 낳았다. 아이를 키우는 일은 생각보다 더 힘들었다.
- 잠시 일을 쉬면서 아이와 함께 제주도 한 달 살기를 했다. 그동안 너무 바쁘게 살면서 힘들었는데, 제주도에서 지내는 동안 마음도 편해지고 다짐하는 계기가 생겼다.
- 앞으로도 너무 바쁘게만 살지 말고 여유를 즐기며 살아야겠다고 다짐하는 계기가 되었다.

4 40대
- 40대가 되어서 일 주일에 꼭 두 권 이상의 책을 읽자는 목표를 세웠다. 바빠진다는 핑계로 독서를 소홀히 했는데, 넓은 분야의 다양한 사람들을 만나며 일하다 보니 지금보다 더 많이 공부해야겠다는 생각이 들었기 때문이다.
- 책을 읽으면서 내 삶에 대한 책을 한 권 써보고 싶다는 꿈도 생겼다. 책을 쓰겠다는 꿈이 생긴 이후, 하루하루를 기록으로 남겼다. 기록으로 남겨야 내 삶을 자세히 기억할 수 있겠다고 생각했기 때문이다.
- 매수룸지 않은 일상에서도 내가 어떤 감정을 느꼈는지, 어떤 생각을 했는지 자세히 기록하고 있다.

> 가 나이에서 꼭 해보고 싶은 경험은 무엇인지, 어떤 것을 이루고 싶은지 생각하며 써 봐. 지금의 30년 후의 우리로 생각하고, 과거에 있었던 일상처럼 쓰면 더 실감나게 쓸 수 있어.

글로 쓰기

정리한 내용을 바탕으로 30년 후의 '나'를 주제로 자서전을 써 보세요.

예) 내 나이 마흔을 지나고

중·고등학교 때 내가 가장 좋아하던 과목은 영어였다. 중학교 때에는 그냥 영어 공부가 재미있
다고 느끼는 정도였었는데, 고등학교에 가면서는 단지 재미있게 공부해 보고 싶은 마음이 들었다. 학교
에서 나와 비슷한 친구들을 모아 영어 동아리를 만들었다.

고등학교를 졸업하고 통역사가 되고 싶었던 나는 영어과에 입학했다. 그때부터 통역사가 되려면
어떤 노력을 해야 하는지 관심을 갖고 살펴 보기도 했고, 통역사 일을 하고 있는 선배들을 찾아서
궁금한 것을 묻기도 했다. 대학교 1학년 여름 방학에는 친한 친구와 미국 여행을 떠났다. 다양한 나
라에서 온 친구들과 지내면서 배드는 것도 있었지만, 문화의 차이를 이해할 수 있게 계기가 되었다.

대학교 졸업 후, 통번역대학원에 진학했다. 대학원 공부가 너무 어렵고 힘들었다. 가끔은 그냥
포기하고 다른 친구들처럼 취업할까도 고민했지만, 그럴 때마다 선배들을 만나 이야기를 나누며 마
음을 다잡았다. 처음 몇 년간은 통역사로 자리를 잡는 게 쉽지 않았지만, 조금씩 경험이 생기다 보
니 나를 찾는 사람들이 점점 늘었다.

30대에는 통역사로 열심히 일하면서 가정을 이루면서, 아이를 낳고 잠시 일을 쉬었는네 아이와
함께 제주도 한 달 살기를 했다. 제주도에서 지내는 동안 마음도 편해지고 다짐하는 여유가 생겼다. 앞으로는
너무 바쁘게만 살지 말고 여유를 즐기며 살아야겠다고 다짐하는 계기가 되었다.

40대가 된 후부터 메일메일 나의 일상을 기록으로 남기고 있다. 특별한 기억이나 경험. 생각을
정리하는데, 나중에 이 글들을 모아 한 권의 책을 쓰는 것이 나의 새로운 목표이다. 삶을 기록으로
남기면서 매 순간에 최선을 다하며 시간을 보내려
노력하고 있다.

> 글을 크게 쓰고, 글의 시작과 마무리를
> 나누어 써. 어떻게 하면 글을 좋을지도 생각해서
> 쓰도록 해.

일상생활 속의 경험과 생각, 느낌을 자유로운 형식으로 쓰는 글을 수필이라고 해요. 자신의 바람과 희망을 담아 자유롭게 글을 써 보도록 해요.

자료 정리하기 미래에 내가 하고 싶은 일을 생각하여 자서전을 쓸 준비를 해 봅니다.

1 내가 하고 싶은 일이나 갖고 싶은 직업은 무엇인가요?

↳ 나는 배구 선수가 되고 싶다. 프로 팀에 들어가서 선수로 활약하고, 국가 대표가 되어 올림픽에도 참가하고 싶다.

2 1에서 답한 일에 대해 내가 알고 있는 것은 무엇인가요?

↳ 여자 배구 선수가 되는 것은 쉽지 않다는 점. 아직 여자 배구에 대한 사람들의 인지도가 높지 않다는 점. 배구 선수가 되려면 키도 크고 체력도 좋아야 한다는 점이다.

3 1의 꿈을 갖게 된 이유나 계기가 무엇인가요?

↳ 부모님을 따라서 배구 경기를 직접 보러 간 적이 있었다. 그때는 배구 경기의 규칙도 잘 몰라서 재미없을 것 같다는 생각을 하며 따라갔었다. 막상 실제로 경기를 보니 긴장감 넘치고 재미있었다. 키가 큰 배구 선수들이 팔을 쭉쭉 뻗어 공을 치는 모습이 정말 멋있었다. 나도 키가 큰 편이고 운동을 좋아해서 배구 선수가 되어야겠다고 그때 다짐했다.

4 꿈을 이루기 위해 나는 지금까지 어떤 노력을 했나요?

↳ 주말이나, 평일 오후에는 체력을 기르기 위해 운동을 한다. 주말에는 주로 부모님과 등산을 하고, 평일에는 집 앞 운동장에서 달리기를 한다. 키도 커야겠다는 생각에 음식을 가리지 않고 골고루 잘 먹으려고 노력한다.

5 꿈을 이루기 위해 앞으로 어떤 노력을 할 것인가요? 앞으로의 계획은 무엇인가요?

↳ 배구 선수가 되려면 어떤 학교에 진학해야 하는지 알아보고, 그 학교에 진학하기 위한 노력을 할 것이다. 배구 시즌에는 프로 선수들의 경기도 열심히 보면서 배울 것이다. 체력을 기르기 위해 운동을 소홀히 하지 않고, 유명한 프로 배구 선수들이 어떤 과정을 거쳐 지금의 자리에 있는지도 찾아볼 것이다. 고등학교를 졸업하고 프로 배구단에 입단하는 것이 나의 1차 목표이다.

---

3 주차 4회

'나'의 직업을 가정하여 자서전 쓰기

어떻게 쓸까요

자료 살펴보기 『백범일지』나 『안중근 자서전』처럼 위인들의 자서전도 있지만, 평범한 사람들이 자서전을 쓰기도 합니다. 태어나서 지금까지의 일을 전체적으로 쓰기도 하고 특정한 시기를 자세하게 쓰기도 합니다. 다음 자서전을 살펴보세요.

> 특정한 직업을 가지고 일을 하면서 겪은 경험이나 생각, 의견을 쓴 책이라는 공통점이 있어!

『나는 간호사, 사람입니다』 김현아(2018)

20년 이상 간호사라는 직업을 갖고 살았던 글쓴이가 간호사로 일하는 동안에 일을 글로 남긴 책입니다. 간호사라는 직업을 통해 느낄 수 있는 고민, 갈등 등을 알 수 있습니다.

『개를 안다고 생각했는데』 홍수지(2019)

글쓴이가 수의사로 일하면서 겪었던 일과 직접 반려견을 키우면서 생각한 것을 쓴 책입니다. 반려견을 키우는 사람들이라면 쉽게 느낄 수 있는 어려움이나 고민을 알 수 있는 책입니다.

『일개미 자서전』 구달(2017)

취업 후 회사원으로 일하던 자신의 생활 이야기를 쓴 책입니다. 회사원이라면 누구나 공감할 수 있는 이야기를 담아 읽는 사람들에게 위로와 위로가 되어 주는 책입니다.

글로 써 보기 | 정리한 내용을 바탕으로 미래의 나의 모습을 가정하여 자서전을 써 보세요.

예) 끝까지 처음처럼

내가 처음 배구 선수가 되기로 결심한 것은 초등학교 4학년 때의 일이다. 평범한 주말이었는데 부모님께서 우연한 기회에 나를 데리고 프로 배구 경기를 보러 가셨다. 코트에서 멋지게 뛰던 선수들처럼 나도 그런 배구 선수가 되겠다고 다짐했다.

초등학교 때는 배구 클럽에 들어갔다. 일주일에 한 번 운동하고, 배구에 대해 배웠다. 누구보다 열심히 하던 나는 배구팀이 있는 중학교에 자연스럽게 진학하게 되었다. 포기하고 싶은 순간도 많았지만, 처음 배구 선수가 되겠다고 마음먹은 순간을 기억하며 최선을 다했다.

고등학교 때는 내 예상만큼 키가 크지 않았다. 키 크는 것은 내 노력으로 할 수 없는 일이라 무척 속상했다. 고2 겨울 방학에 갑자기 키가 쑥 컸고, 나는 그동안 연습했던 실력에 키가 더해져 좋은 실력을 낼 수 있었다. 졸업하면서 프로 팀에 스카우트되었다.

프로 선수가 되어 4년 차에 국가 대표로 뽑혔다. 내가 원하던 꿈을 드디어 이룬 것 같아 눈물이 났다. 더 잘해야겠다는 책임감이 마음 한편에 생겼다. 나는 그것을 내 노력으로 할 수 있다는 믿음을 가졌다.

이제 지금까지 배구 선수로서의 인생을 마무리하고 앞으로는 새로운 삶을 시작하려 한다. 새로운 도전을 하며 나는 마음속에 '끝까지 처음처럼'이라는 말을 항상 새기고 나아갈 것이다. 처음의 그 마음을 잊지 않고, 항상 노력하는 자세로 내 삶을 이끌어 갈 것이다.

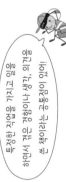
꿈을 이루고 나서 '나'에 대해 정리한다고 가정한 후 글을 써 보면 좀 더 실감 나게 쓸 수 있을 거야.

이어 쓰기

개요 짜기 | 앞에서 정리한 내용을 바탕으로 글의 개요를 짜 봅니다.

처음 글을 쓰게 된 동기 - 배구 선수가 되어야겠다고 마음먹은 계기

내가 처음 배구 선수가 되기로 결심한 것은 초등학교 4학년 때의 일이다. 평범한 주말이었는데 부모님께서 우연한 기회에 나를 데리고 프로 배구 경기를 보러 가셨다. 코트에서 멋지게 뛰던 선수들처럼 나도 그런 배구 선수가 되겠다고 다짐했다.

가운데 초등학교, 중학교 때 노력했던 일들과 힘들었던 경험들 - 프로 선수가 되기까지의 과정

• 초등학교 때는 배구 클럽에 들어갔다. 일주일에 한 번 운동하고, 배구에 대해 배웠다. 누구보다도 열심히 하던 나는 배구팀이 있는 중학교에 자연스럽게 진학하게 되었다. 포기하고 싶은 순간도 많았지만, 처음 배구 선수가 되겠다고 마음먹은 순간을 기억하며 최선을 다했다.

• 고등학교 때는 내 예상만큼 키가 크지 않았다. 키 크는 것은 내 노력으로 할 수 없는 일이라 무척 속상했다. 고2 겨울 방학에 갑자기 키가 쑥 컸고, 나는 그동안 연습했던 실력에 키가 더해져 좋은 실력을 낼 수 있었다. 졸업하면서 프로 팀에 스카우트되었다.

끝 프로 선수가 된 이후의 삶 - 앞으로의 다짐

• 이제 지금까지 배구 선수로서의 인생을 마무리하고 앞으로는 새로운 삶을 시작하려 한다.

• 새로운 도전을 하며 나는 마음속에 '끝까지 처음처럼'이라는 말을 항상 새기고 있을 것이다.

• 처음의 그 마음을 잊지 않고, 항상 노력하는 자세로 내 삶을 이끌어 갈 것이다.

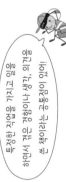
특징한 지음을 가지고 있음 하면서 겪은 경험이나 생각, 의견을 쓴 책이라는 공통점이 있어.

'반성문'은 나의 잘못에 대해 뉘우치는 내용을 담은 글이에요. 내가 무엇을 잘못했는지, 후회하고 있는 점은 무엇인지, 시간을 되돌린다면 어떻게 할 것인지 등의 내용을 진솔한 담아 써야 해요.

5회 3주차

어떻게 쓸까요

후회되는 일로 반성문 쓰기

생각 모으기 잘못한 일이나 후회되는 일을 생각나는 대로 써 봅니다.

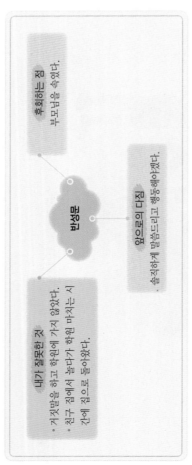

반성문

내가 잘못한 것
- 거짓말을 하고 학원에 가지 않았다.
- 친구 집에서 놀다가 학원 마지는 시간에 집으로 돌아왔다.

후회하는 점
부모님을 속였다.

앞으로의 다짐
솔직하게 말씀드리고 행동해야겠다.

내용 정리하기 생각나는 대로 쓴 것을 바탕으로 반성문에 쓸 내용을 정리해 봅니다.

[말풍선] 반성문에는 앞으로의 다짐이 꼭 들어가야 해.

1 글쓴이가 잘못한 일
→ 학원에 가기 싫어서 부모님께 거짓말을 하고 학원에 가지 않았다. 학원에 가는 척 친구네 집에 가서 놀았다.

2 글쓴이가 후회하는 것
→ 놀고 싶은 마음에 학원을 가지 않은 것을 후회했다. 부모님을 속인 것을 후회했다.

3 앞으로의 다짐
→ 솔직하게 말씀드리고 행동해야겠다고 생각했다.

글로 써 보기 정리한 내용을 바탕으로 반성문을 써 봅니다.

처음 [잘못한 자료를 생성]
지난 여름 방학에 있었던 일이다. 방학 동안 수학 학원에 다니게 되었는데, 나는 학원에 가는 것이 너무 싫었다. 부모님께 학원에 다니고 싶지 않다고 말씀드렸지만, 소용이 없었다. 학원에 다니니까 친구들과 놀 시간도 줄어들고 숙제도 많아졌다.

가운데 [잘못한 일]
그러던 어느 날, 지원이가 나한테 자기 집에 놀러오라고 연락을 했다. 수학 학원에 가는 날이라 망설였지만, 나는 지원이의 초대를 거절하기도 싫고, 학원도 가기 싫었다. 학원에 가는 척 가방을 메고 지원이네 집으로 갔다. 신나게 놀고 학원이 끝나는 시간에 맞춰 집으로 돌아왔다. 놀 때는 재미있었는데, 부모님을 속였다는 생각을 하니 마음이 무거웠다. 집 다녀왔냐고 하시며 맞아주시는 엄마 얼굴을 보니 더 죄송했다. 나는 엄마 눈도 똑바로 쳐다보지 못한 채 방에 들어와 버렸다. 그때 엄마에게 전화 한 통이 걸려 왔다. 학원에서 온 전화였다. 나는 가슴이 철렁했다. 내가 학원에 가지 않았다는 것을 알게 되신 엄마가 엄청 화를 내실 것이라고 생각했다. 그런데 엄마는 아무 말씀도 하지 않으셨다.

끝 [후회되는 점, 앞으로의 다짐]
나는 부모님께 너무 죄송한 마음이 들었다. 그리고 놀고 싶은 마음에 학원에 가기 싫은 것을 후회했다. 차라리 부모님께 솔직히 말씀드렸으면 하는 마음도 들었다. 다음부터는 솔직하게 말씀드리고 행동해야겠다고 생각했다.

[말풍선] 언제 누구와 있었던 일인지, 어떤 일을 후회하는지, 왜 후회하는지, 시간을 되돌린다면 어떻게 하고 싶은지 등을 자세히 써 봐.

이렇게 써 봐요

생각 모으기
잘못한 일이나 후회되는 일을 생각나는 대로 써 보세요.

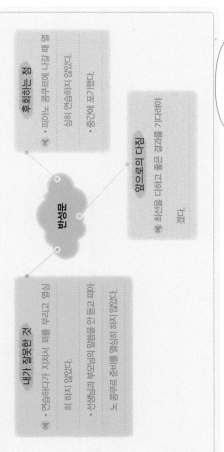

반성문

내가 잘못한 것
예) 연습하다가 짜증내서 피를 부리고 열심히 하지 않았다.
• 선생님과 부모님의 말씀을 안 듣고 피아노 콩쿠르 준비를 열심히 하지 않았다.

후회하는 점
예) 피아노 콩쿠르에 나갈 때 열심히 연습하지 않았다.
• 중간에 포기했다.

앞으로의 다짐
예) 최선을 다하고 좋은 결과를 기다리겠다.

반성문에는 앞으로의 다짐이 꼭 들어가야 해.

내용 정리하기
생각나는 대로 쓴 것을 바탕으로 반성문에 쓸 내용을 정리해 보세요.

1 글쓴이가 잘못한 일
예) 선생님과 부모님의 말씀을 안 듣고 피아노 콩쿠르 준비를 열심히 하지 않았다.

2 글쓴이가 후회하는 것
예) 지금과 재미 없다고 내가 해야 할 일을 제대로 안 하고 콩쿠르 예선에서 떨어진 것을 후회했다.

3 앞으로의 다짐
예) 주어진 기회에 최선을 다해야겠다고 다짐했다.

글로 써 보기
정리한 내용을 바탕으로 반성문을 써 보세요.

3학년때부터 피아노를 배우기 시작했다. 피아노 치는 것이 재미있고, 점점 실력이 늘어간다고 느껴질 때마다 뿌듯했다. 2년 넘게 피아노를 가르쳐 주신 선생님께서 나에게 한 번쯤 피아노 콩쿠르를 내 나가 보는 게 어떻겠냐고 권유하셨다. 그래서 6학년 가을 방학에 있을 콩쿠르를 위해 일 년 넘게 준비하게 되었다.

처음에는 콩쿠르에 나간다는 게 신나기도 하고, 좋아서 열심히 연습했지만, 연습 기간이 길어지다 보니 지쳐 가기 시작했다. 같은 곡을 계속 연습하는 게 점점 지겨웠다. 부모님과 선생님 앞에서는 연습하는 척 했지만 마음속으로는 콩쿠르를 포기하기로 마음먹고 점점 더 게으름을 부렸다.

내가 예전처럼 연습하지 않는다는 것을 아신 부모님께서는 나를 꾸중하셨다. 나는 내 마음을 몰라주고 혼내기만 하시는 부모님이 미웠다. 그래서 더 패를 부리고 연습도 거의 하지 않았다.

콩쿠르에 나가던 날, 결국 나는 예선에서 떨어지고 말았다. 막상 이런 결과가 나오니 속이 무척 상했다. 부모님과 선생님 말씀대로 더 열심히 연습할 걸 하는 후회도 되었다. 콩쿠르에서 상을 받은 친구들을 보니 그런 마음이 더 들었다. 최선을 다하지 않아서 더욱 아쉬움이 크게 남았다.

피아노 콩쿠르를 계기로 나는 앞으로 무엇이든지 내게 주어진 기회에 최선을 다해야겠다고 다짐했다. 최선을 다하는 것이 엄마나 아빠에게 아리석은 일인지 알았기 때문이다.

언제 누구와 있었던 일인지, 어떤 일을 후회하는지, 왜 후회하는지 시간을 되돌린다면 어떻게 하고 싶은지 등을 자세히 써 봐.

숨은
그림찾기

벽화 속에 숨어 있는 다섯 개의 물건을 찾아 ○표 하세요.

아하~ 알았어요

1 다음에서 설명하고 있는 글의 종류는 무엇인지 보기 에서 찾아 쓰세요.

보기   전기문   자서전

(1) 주인공과 글쓴이가 같다. (자서전)

(2) 위인들에 대해 주로 쓴다. (전기문)

해설 | 자서전은 내가 나의 삶에 대해 쓴 글이기 때문에 주인공과 글쓴이가 같습니다. 전기문은 위인들이 삶에 대해 쓴 글입니다.

2 자서전을 쓸 때 주의할 점으로 알맞은 것에 ○표 하세요.

(1) 솔직한 나의 생각과 감정을 쓴다. (○)

(2) 겪은 일을 빼트리지 않고 모두 쓴다. ( )

(3) 나의 생각보다는 다른 사람의 생각을 위주로 쓴다. ( )

해설 | 자서전을 쓸 때는 자신의 삶을 돌아보며, 기억하고 싶은 경험이나 감정을 솔직하게 씁니다.

3 자서전을 쓰면 좋은 점으로 알맞은 것에 모두 ○표 하세요.

나의 삶을 되돌아볼 수 있어요.	위인의 업적을 알 수 있어요.	내 삶의 기록을 남길 수 있어요.	나의 경험이나 생각을 다른 사람에게 자랑할 수 있어요.
(○)	( )	(○)	( )

해설 | 자서전을 쓰면 자신의 삶을 돌아볼 수 있으며, 자신의 이미 있는 일을 기록으로 남길 수 있습니다.

해설 | 인물의 이상과 장식품 속을 잘 살펴봅니다.

7단계

쓰기가
문해력
이다

4주차 정답과 해설

위인의 업적을 중심으로 독후감 쓰기

어떻게 쓸까요

생각 모으기 | 읽은 책의 내용을 생각나는 대로 정리해 봅니다.

책을 읽게 된 동기
- 학교에서 글드버그 장치 만들기 수업을 한 적이 있어서 도서관에서 글드버그에 대한 책을 찾아보았다.

책의 내용
- 글드버그가 만화가가 꿈을 이룬 과정
- 글드버그가 그린 만화의 내용

가장 인상 깊었던 장면이나 내용
- 글드버그 장치가 미국 우주 비행사들의 훈련에 응용되고 있다는 내용

생각, 느낌
- 루브 글드버그처럼 창의성과 상상력을 가진 사람이 되고 싶다.

독후감을 쓰면
글을 요약하는 능력을 기를 수 있고,
책을 읽으면서 가졌던 생각이나 감동을
오래 간직할 수 있어!

내용 정리하기 | 독후감에 들어갈 내용을 정리해 봅니다.

제목
「아무것도 발명하지 않고도 발명가가 된 루브 글드버그」를 읽고

책을 읽게 된 동기
학교에서 글드버그 장치 만들기 수업을 했다. 글드버그 장치를 처음 만들어 보았고, 그 장치를 생각해 낸 루브 글드버그가 어떤 사람인지 궁금해져서 책을 찾아보게 되었다.

줄거리, 위인의 업적
글드버그는 만화 그리기를 좋아하는 조용한 아이였다. 아빠는 그를 기쁘게 해 드리기 위해 공학을 공부하고, 좋은 직장에서 일을 했지만 여전히 만화에 대한 꿈을 포기하지 않았다.
결국 만화의 보조작장인 뉴욕으로 가서 신문에 연재하는 만화를 그리게 되었다.
글드버그는 사람들이 아무런 생각 없이 지나치는 일을 꼬아서 생각했다. 그래서 '간단한 일을 복잡하게 해결하는 방법'을 주제로 풍자 만화를 그렸고, 사람들에게 세상을 새로운 시각을 안내했다.

생각, 느낌
아무것도 발명하지 않고도 유명한 발명가가 된 루브 글드버그, 그의 창의성과 상상력을 닮고 싶다. 자신의 꿈을 위해 열정적인 삶을 살았던 루브 글드버그처럼 나의 꿈을 이루기 위해 노력하는 사람이 되고 싶다.

84 쓰기가 문해력이다

'독후감'은 책을 읽고 생각이나 느낌을 정리한 글이에요. 독후감에는 책을 읽게 된 동기, 책의 내용, 가장 인상 깊었던 장면, 새롭게 알게 된 내용, 책을 읽고 든 후의 생각이나 느낌 등의 내용이 들어가요.

글로 써 보기 | 정리한 내용을 바탕으로 위인의 업적 중심으로 독후감을 써 봅니다.

아무것도 발명하지 않고도 발명가로 이름 난 루브 글드버그

처음
책을 읽게 된 동기

학교에서 글드버그 장치 만들기 수업을 했다. 글드버그 장치에 대해서 처음 알게 되었고, 그 장치를 생각해 낸 루브 글드버그가 만화가라는 것을 알고 글드버그는 어떤 사람일까 궁금해져 책을 찾아보게 되었다.

가운데
줄거리,
위인의 업적

미국의 샌프란시스코에서 태어난 글드버그는 만화 그리기를 좋아하는 조용한 아이였다. 하지만 부모님의 뜻에 따라 마을리 대학에서 공학을 공부했다. 졸업 후 엔지니어로 일했지만, 만화가에 대한 꿈을 버리지 못하고 결국 뉴욕으로 떠났다.

글드버그는 뉴욕의 한 유명한 신문사에서 만화를 연재하게 되었고, 내용을 일게무으로 만드는 마음을 실은 마음에 과한 기술이 가슴에 사로잡혀 단순한 과정을 쉽게없이 복잡하게 만드는 방법, 일상적인 원리를 담은 장치를 만화로 그렸는데, 이 글드버그 장치를 통해 사람들은 과학적인 원리를 담은 장치를 만화로 그렸다. 도넛하나를 먹는 방법, 유리장을 닦는 방법, 알람시계를 끄는 방법 등 일상생활에서 아무렇지 않게 지나치는 일들을 복잡하게 해결하는 과학적인 원리를 담은 장치를 그렸는데, 이 글드버그 장치를 보면 시각에 대한 중요성을 느끼게 되었다.

글드버그 장치는 지금도 창의력과 과학적 원리 이해를 통해 창의성을 기우기 위한 수업에 활용되고, 미국 NASA의 우주 비행사들의 훈련 과정에도 이용되고 있다.

끝
생각, 느낌

글드버그는 집념을 가지고 자신의 꿈을 끝까지 포기하지 않았다. 마침내 누구나 상상과 창의력으로 유명한 발명가가 된 루브 글드버그, 나는 지금부터라도 나의 집념과 상상력을 키워, 남들과 다른 아이디어를 내는 사람이 되고 싶다. 그리고 용기와 자신감을 갖고 내 꿈을 이루는 삶을 살아가겠다.

가운데 부분에는 책이 중가되는 것이 아니라, 책에서 가장 인상 깊었던 장면이나 내용을 함께 써도 좋아.

7단계 4주차 – 위인의 업적을 중심으로 독후감 쓰기 85

(tip) 글드버그는 것으로는 복잡해 보이지만 사실 간단한 일을 하는 단순한 기계를 만들었는데 이를 글드버그 장치라고 합니다. 창의적인 생각을 바탕으로 만들어진 것이기 때문에 창의력을 발휘할 수 있는 글드버그 대회가 세계 각국에서 열리고 있습니다.

글로 써 보기

정리한 내용을 바탕으로 위인의 업적 중심으로 독후감을 써 보세요.

예 '안토니 가우디'를 읽고

'사그라다 파밀리아 성당' 사진을 보는 순간, 감탄이 절로 나왔다. 웅장하고 큰 규모이지만, 자세히 들여다보면 작은 조각상 하나하나가 세밀하게 표현되어 있는 겁모습과 숲에 들어온 것 같은 내부가지, 어떻게 이런 건축물을 지을 수 있을까 신기하기만 했다. 성당을 완성한 사람이 누구인지 궁금해져서 안토니 가우디에 대한 책을 찾아보게 되었다.

어렸을 때 가우디는 몸이 약해 학교에 가지 못하고 혼자 지내는 시간이 많았다. 그럴 때마다 집 근처 산에 가서 자연을 관찰했는데, 이때의 경험이 바탕이 되어 가우디의 자연에 어우러지게 되었다. 1878년 건축 학교를 졸업하고, 건축 사무실을 처럼 가우디는 구엘이라는 사업가를 만나게 된다. 구엘의 지원을 받아 가우디는 다양한 건축물을 지었다. 구엘 공원, 구엘 저택 등이 바로 이 시기에 완성된 것이다.

'사그라다 파밀리아 성당'은 가우디의 마지막 건축물이다. 가우디는 성당이 모든 사람들에게 안함을 주는 장소가 되길 바라는 마음에 공들여 건축 설계를 했고, 건축에 참여하는 노동자들까지 생각하여 성당 주변에 건축 현장에 노동자 자녀를 위한 학교도 지었다. 그러나 가우디는 불의의 전차 사고로 인해 성당의 완공을 보지 못하고 세상을 떠나고 되었다. 성당은 가우디의 생각을 이은 건축가들에 의해 착공된 지 130년이 넘은 현재까지도 진행 중이며 언제 완공될지는 아무도 알 수 없다.

이 책을 읽고, 가우디는 자연을 좋아하고, 건축물을 이용하는 사람들의 마음도 헤아리며 한편으로는 건축의 철학과 고집으로 흔들림 없이 위대한 건축물을 남긴 가우디가 위대하다는 생각이 들었다. 자신만의 철학과 고집으로 한 가지 일에 몰두해 자신의 세계를 완성해 가려는 가우디처럼 나도 내가 좋아하고 잘하는 것을 열심히 하여 훌륭한 사람이 되어야겠다는 생각이 들었다.

가운데 부분에는 책이 줄거리뿐만 아니라, 책에서 가장 인상 깊었던 장면이나 내용을 함께 써도 좋아.

독서력 키우기

생각 모으기

읽은 책의 내용을 생각나는 대로 정리해 보세요.

책을 읽게 된 동기
예 • '사그라다 파밀리아 성당'의 사진을 보고, 그 건물을 건축한 사람에 대해 궁금해졌다.

책의 내용
예 • 안토니 가우디의 생애
• 안토니 가우디의 건축 철학

가장 인상 깊었던 장면이나 내용
예 • 비교적인 사그라다 성당을 마음대게 된 안토니 가우디
• 건축물은 자연에 맞추어 하고, 그 건물에 사는 사람의 마음까지 반영해야 한다는 가우디

생각, 느낌
예 • 자신만의 철학과 고집을 가지고 흔들림 없이 위대한 건축물을 남길 수 있었다는 점이 놀랍다.

예 안토니 가우디

독후감을 쓰려는 능력을 기를 수 있고, 글을 읽으면서 생각이나 감동을 오래 가지할 수 있어!

내용 정리하기

독후감에 들어갈 내용을 정리해 보세요.

제목
예 '안토니 가우디'를 읽고

책을 읽게 된 동기
예 • '사그라다 파밀리아 성당' 사진을 우연히 보게 되었다. 세상에 저런 건축물이 있을 수 있다는 점이 너무 놀라웠고, 그 건축물을 설계한 가우디에 대해서 더 알고 싶어졌다.

줄거리, 위인의 업적
예 • 안토니 가우디는 어렸을 때 몸이 약해서 학교에 제대로 다니지 못했고, 학교에 가는 대신 주로 집 근처 산에 서 혼자 보내는 시간이 많았는데, 자연을 자세히 관찰 하는 것을 즐겼다.
• 1878년 건축 학교를 졸업하고, 건축 사무실을 처럼 가우디는 구엘이라는 사업가를 만나게 되었고, 가우디의 건축 양식과 건축물을 누구보다 좋아했던 구엘의 지원으로 구엘 공원, 구엘 저택 등 많은 건축물을 만들 수 있었다.
• 가우디의 마지막 건축물은 '사그라다 파밀리아 성당' 인데, 성당을 짓던 가운 사고로 세상을 떠나게 되었다.

생각, 느낌
예 • 건축은 자연을 해치지 않아야 하고, 사람들의 마음이 편안해지는 것이어야 한다는 가우디의 건축 철학에 감 명받았다. 자신만의 철학과 고집으로 흔들림 없이 위대 한 건축물을 남길 수 있었다는 점이 놀라웠다.

독후감은 책을 읽고 난 뒤 생각이나 느낌을 정리한 글이에요. 책의 내용을 중심으로 독후감을 쓸 때에는 중요하거나 인상 깊었던 장면을 중심으로 써요.

글로 써 보기 · 정리한 내용을 바탕으로 책의 내용을 중심으로 독후감을 써 봅니다.

「초정리 편지」를 읽고

처음 → 동기
한글은 전 세계에서 사용하는 언어 중에서 가장 과학적이고 독창적이라고 한다. 한글날, 세종대왕이 한글을 만든 과정과 한글의 우수성에 대해 배우면서 선생님께서 주천해 주신 「초정리 편지」를 읽게 되었다.

가운데 → 줄거리
세종대왕은 한글을 만든 이후 건강이 매우 나빠졌고, 눈병까지 생겨 시력이 점점 나빠지게 되었다. 신하들과 함께 충북 초정리로 요양을 갔는데, 그곳에서 우연히 장순이라는 아이를 만났다. 장순이는 아침마다 나무 한 단씩 아수터에 가져다주고 보리쌀로 바꿔 먹을 정도로 가난했다. 그러다 장순이는 매일 초정리 아수터에 물을 뜨러 왔고, 그곳에서 장순이에게 글자를 알려 주고, 그 글자를 외워 오면 쌀 한 되를 주겠다고 하였다. 세종대왕은 장순이에게 글자를 써서 보여 주고, 장순이는 누나와 함께 열심히 글자를 외웠다. 세종대왕은 장순이와 누나에게 글자를 가르쳐 주면서 한글을 깨우쳐 갔다. 장순이가 글을 배우는 과정을 통해 한글이 매우 과학적이고 독창적이라는 것을 알 수 있었다. 사람의 발음 기관 모양과 하늘, 땅, 사람을 본떠 만든 자음과 모음으로 세상의 거의 모든 소리를 만들어 낼 수 있다는 점도 알게 되었다.

끝
생각, 느낌
이 책을 읽고, 세종대왕이 한글을 만들기 위해 얼마나 많이 애썼는지 쉽게 되었고, 백성을 사랑하는 따뜻한 마음이 한글에 담겨 있다는 것에 감동을 받았다. 또 한글이 이 세상의 거의 모든 소리를 글자로 나타낼 수 있는 세계에서 유일한 글자라는 것, 과학적이고 창의적인 글자라는 것 너무나 자랑스럽게 여겨졌다. 앞으로 한글을 더 사랑하고 아끼는 태도를 가져야겠다고 다짐했다.

글의 가운데 부분에 책의 중심 내용을 간추려서 자세히 써 봐!

내용을 중심으로 독후감 쓰기

어떻게 쓸까요

생각 모으기 · 읽은 책의 내용을 생각나는 대로 정리해 봅니다.

책을 읽게 된 동기
한글날을 기념하여 선생님께서 읽어 보라고 주천해 주셨다.

책의 내용
한글을 만들고 난 후 눈병 때문에 초정리 약수터로 요양을 간 세종대왕이 장순이에게 글자를 가르쳐 주는 이야기

초정리 편지

가장 인상 깊었던 장면이나 내용
정자 아래에서 장순이가 편지처럼 흙바닥에 글을 써서 세종대왕과 편지처럼 주고받으면서 한글을 깨우쳐 가는 장면

생각, 느낌
· 세종대왕이 백성들을 사랑하는 마음이 따뜻하게 느껴졌다.
· 한글을 더 사랑하고 아껴야겠다.
· 한글의 우수성과 실용성을 알게 되었다.

독후감에는 책을 읽게 된 동기, 책의 내용, 가장 인상 깊었던 장면, 새롭게 알게 된 내용, 책을 읽고 난 뒤 생각이나 느낌 등이 들어가.

내용 정리하기 · 독후감에 들어갈 내용을 정리해 봅니다.

제목
「초정리 편지」를 읽고

책을 읽게 된 동기
대칭 전 한글날에 선생님께서 세종대왕이 한글을 만든 과정과 한글에 대한 이야기를 해 주시면서 「초정리 편지」를 주천해 주셨다.

줄거리, 위인의 업적
세종대왕은 한글을 만든 이후 건강이 매우 나빠졌고, 눈병까지 생겼다. 충북의 초정리라는 곳으로 요양을 가게 되었는데, 그곳에서 장순이라는 남자 아이를 우연히 만났다. 세종대왕은 장순이에게 글자를 알려 주고, 다음날까지 기억해 오면 쌀을 주겠다고 한다. 장순이와 누나는 오면 열심히 글자를 공부하고, 이런 장순이의 모습을 보면서 세종대왕은 흐뭇해하였다. 장순이가 글자를 쉽게 익히는 것을 보며 한글의 우수함을 알 수 있었다. 한글은 과학적이고 독창적인 문자이고, 누구나 쉽게 배울 수 있는 글자이다.

생각, 느낌
한글의 우수함에 대해 알고 나니, 한글을 더 아끼고 사랑해야겠다는 생각이 들었다. 지금까지 외국어나 줄임말을 많이 사용했는데, 이런 습관을 줄이고 우리의 한글을 지키기 위해 노력할 것이다.

글을 써 보기

정리한 내용을 바탕으로 책의 내용을 중심으로 독후감을 써 보세요.

> 글의 가운데 부분에
> 책의 중심 내용을 간추려서
> 자세히 써 봐!

예 『책과 노니는 집』을 읽고

도서관에서 우연히 발견한 『책과 노니는 집』은 조선 시대, 책을 사랑하는 사람들의 이야기라는 점에 이끌려 발려 읽게 되었다. 책 속에 등장하는 여러 인물들이 책을 아끼고 사랑하는 마음이 느껴져 읽으면서 공감되는 부분이 많았다.

조선 시대 후기, 천주교를 탄압할 때였다. 책 속의 주인공인 장이의 아버지가 장이는 단들이 살아가고 있었다. 천주학 사랑으로 책을 베껴 쓰는 일을 하던 장이의 아버지는 자신의 책방을 내는 것이 꿈이었는데, 천주학 책을 필사했다는 이유로 관아에 끌려갔고, 천주학행이라는 오해를 받아 매를 맞고 죽게 되었다. 혼자 남겨진 장이는 책방 주인을 죄 시대의 제안으로 책방에서 심부름을 하며 지내게 되었다. 이때 알게 되는 홍 교리에게서 글을 배우게 되었고, 고윤문투하며 설린 장이는 아버지의 꿈을 대신 이루게 되었다.

이 책을 읽으면서 조선 시대 후기 천주교를 탄압하는 상황에 대해서 자세히 알게 되었다. 탄압을 피해 사람들이 책을 읽으며 천주학을 공부하고, 그래서 양반이나 평민, 부녀자 할 것 없이 많은 사람들에게 천주학이 퍼지게 되었다는 것을 알게 되었다. 책이 사람들의 삶에 미치는 영향력이 크다는 것을 새삼 느꼈다.

혼자 힘들게 살아가는 장이가 장이의 삶이 삶이 안타까우면서도 장이의 주변에서 장이에게 힘이 되어 주는 사람들이 많아서 다행이라는 생각이 들었다. 책에 나오는 많은 사람들의 마음을 먼저 헤아려야 한다는 말, 장이가 살아갈 세상은 지금과 다를 장이라는 말이 가슴을 울렸다.

이해의 세계

읽은 책의 내용을 생각나는 대로 정리해 보세요.

예 『책과 노니는 집』

책을 읽게 된 동기

예 도서관에서 우연히 발견해서 읽게 되었다. 역사에 관심이 많은데 역사 소설이라 재미있어 보였다.

책의 내용

예 • 필사장이인 아버지가 천주학 책을 필사했
  다는 이유로 매를 맞아 죽었고, 세상에 혼자 남
  겨진 장이가 열심히 살아간다는 내용

가장 인상 깊었던 장면이나 내용

예 • 조선 시대 말 천주교를 탄압하는 상황에서도 천주
  학 부녀자, 기생, 양반 등 신문 등 신분없이 많은 사람들
  에게 천주학이 널리 퍼져 갔다는 것

생각, 느낌

예 • 아버지가 돌아가시고 난 후 혼자 인터까웠다.
  • 여러 인물들의 말 속에서 책을 사랑하는 마음이
  느껴졌다.

> 독후감에는 책을 읽게 된 동기,
> 책의 내용, 가장 인상 깊었던 장면, 새롭게
> 알게 된 내용, 책을 읽고 난 뒤 생각이나
> 느낌 등의 내용이 들어가.

내용 정리하기

독후감에 들어갈 내용을 정리해 보세요.

제목

예 『책과 노니는 집』을 읽고

책을 읽게 된 동기

예 도서관에서 우연히 발견해서 읽게 되었다. 역사에
관심이 많은데 역사 소설이라 재미있어 보였다.

줄거리, 위인의 업적

예 • 필사장이 아버지와 단 둘이 살아가는 장이는 이야기이다.
  장이의 아버지는 천주학 책을 필사했었는 이유로 천주학행
  이라는 오해를 받고 관아에 끌려가 매를 맞고 돌아가시게 되
  었다. 혼자가 된 장이는 책방 주인인 죄 시대의 제안으로 책
  방 심부름꾼 일을 시작하고, 이을 하면서 죄 시대를 만나게 된 홍 교리
  에게서 글을 배우게 된다. 이어 필사장이가 된
  장이는 아버지의 꿈이었던 책방을 내어 '자유당'이라는 현판
  을 홍 교리에게 선물받는다.

생각, 느낌

예 • 아버지가 돌아가시고 난 후 혼자 고군분투하며
  살아가는 장이가 인터까웠다.
  조선 시대 말 천주교를 탄압하는 상황에서도 천주이이 널
  리 퍼져 갔다는 것과 장이를 통해 양반이 아닌 사람들의 삶
  에 대해서 자세히 알 수 있었다.

주인공에 대한 생각을 중심으로 독후감을 써 봅니다.

정리한 내용을 바탕으로 주인공에 대한 생각을 중심으로 독후감을 써 봅니다.

책을 읽고,
주인공의 말과 행동에
대한 생각을 써요.

독후감 쓰기

「불량한 자전거 여행」을 읽고

처음
책을 읽게 된 동기

자전거 여행을 하는 것이 나의 버킷리스트 중 하나인데, '불량한 자전거 여행'이라는 책 제목을 보고 '어떤 자전거 여행일까?', '왜 불량한 자전거 여행이라고 했을까?' 등이 궁금해져 책을 읽게 되었다.

가운데
줄거리,
주인공에
대한
생각

주인공 호진이는 초등학교 6학년이다. 아빠와 엄마가 싸우는 횟수가 점점 많아지자 자연스레 대화가 줄었고, 호진이는 이러한 아빠와 엄마 사이에서 자신이 무시당한다고 느꼈다. 그러던 어느 날 부모님이 이혼한다는 이야기를 듣고 호진이는 충격을 남겨 둔 채, 무작정 광주에 계신 삼촌에게 갔다.

광주에 계신 삼촌은 자신이 하고 싶은 일을 하면서 사는 것이 멋지다고 생각하시는 분이다. 하지만 호진이 삼촌은 가족들에게는 무능력하고 별종이라고 찍혀 불량 삼촌이다.

부모님이 싸우실 때 나도 호진이와 비슷한 감정을 느낀 적이 있었다. 호진이처럼 어디론가 삼촌한테 가는 길이 무섭고 긴장되었을 텐데, 호진이의 절단력이 대단하다고 느꼈다.

호진이는 삼촌과 함께 11박 12일의 여정으로 자전거 여행을 떠난다. 호진이와 삼촌 이외에도 다양한 사람들이 함께하는 자전거 여행이었다. 호진이는 자전거 여행을 통해서 포기하고 싶은 순간을 이겨 내고 목적지에 도착했을 때 뿌듯함을 느끼는데, 이 부분을 읽으면서 나도 호진이처럼 포기하지 않고 노력하는 태도를 가져야겠다는 결심을 했다.

끝
생각, 느낌

호진이의 여행 과정을 보면서, 나도 꼭 자전거 여행을 하면서 힘든 과정을 극복하고 성취감을 느끼는 것을 나도 보고 싶었다.

주인공에 대한 생각을 중심으로 써야 하므로, 책의 내용 가운데 주인공의 말과 행동, 주인공이 한 일 등에 대한 생각을 글의 가운데 부분에 써요.

3회 주인공에 대한 생각을 중심으로 독후감 쓰기

어떻게 쓸까요

생각 모으기 | 1. 읽은 책의 내용을 생각나는 대로 정리해 봅니다.

책의 내용

책을 읽게 된 동기
자전거 여행을 하는 것이 버킷리스트 중 하나라서 책 제목에 끌렸다.

책의 줄거리
부모님의 이혼 결정에 화가 난 호진이는 무작정 삼촌을 만나러 광주로 떠난다. 삼촌과 11박 12일의 자전거 여행을 떠나는데, 포기하고 싶은 순간을 이겨 내고 목적지에 도착하여 뿌듯함을 느낀다.

불량한
자전거 여행

가장 인상 깊었던 장면이나 내용
· 호진이가 무작정 삼촌을 찾아간 점
· 포기하고 싶은 순간을 이겨 내고 자전거를 타고 목적지에 도착한 일

생각, 느낌
· 호진이의 절단력과 용기가 대단하다.
· 호진이처럼 포기하지 않고 노력하는 태도를 가져야겠다.
· 호진이처럼 용기를 가져야겠다.

주인공에게 일어난 일
중에서 내가 공감했던 부분을
떠올려 봐.

내용 정리하기 | 독후감에 들어갈 내용을 정리해 봅니다.

책을 읽게 된 동기
자전거 여행을 하는 것이 버킷리스트 중 하나인데 책 제목에 끌려서 읽게 되었다.

책의 줄거리
초등학교 6학년인 호진이는 부모님이 이혼한다는 결정을 듣고, 화가 나서 광주에 있는 무작정 삼촌을 찾아간다. 삼촌은 호진이를 데리고 11박 12일에 걸쳐 함께 자전거 여행에 나선다. 호진이는 다양한 일을 겪는다.

주인공에 대한 생각이나 느낌
· 호진이는 엄마와 아빠가 싸우는 중간에서 자신이 무시당한다고 생각하며 자신이 무시당한다고 생각하며 힘들어했는데, 나도 부모님이 싸울 때 불안하고 힘들었던 경험이 있다.
· 호진이는 절단력이 있다. 부모님이 이혼한다는 말을 듣고 무작정 광주로 떠난 건 호진이의 용기와 절단력이 대단하다고 느꼈다.
· 호진이와 함께 여행했던 삼촌을 보면서 삼촌처럼 하고 싶은 일을 하면서 여행을 하면서 사는 것이 멋지다는 생각이 들고 있다.

생각, 느낌
호진이처럼 나도 꼭 자전거 여행을 해야겠다는 결심을 했다. 호진이가 여행을 하면서 힘든 과정을 극복하고 성취감을 느끼는 것을 나도 보고 싶었다.

이렇게 써 봐요

생각 모으기 읽은 책의 내용을 생각나는 대로 정리해 보세요.

책을 읽게 된 동기

예 뉴스에서 초등학생들도 주식 투자를 많이 한다는 기사를 보고, 경제와 관련된 책을 읽어 보고 싶어서 찾아보게 되었다.

책의 내용

예 주인공 키라는 원래 주인이 부자였던 양치기 개의 '머니'를 만나서 돈과 경제에 대해 알기 위해 노력한다. 늘 게 된다.

가장 인상 깊었던 장면이나 내용

예 키라가 '머니'의 조언에 따라 자신이 좋아하는 일을 하며 부자가 되는 연습을 하는 장면

생각, 느낌

예 내가 좋아하는 일을 하면서도 돈을 벌 수 있는 행복한 부자가 되고 싶다.

주인공에게 이어던 일 중에서 내가 공감했던 부분을 떠올려 봐.

내용 정리하기 독후감에 들어갈 내용을 정리해 보세요.

책을 읽게 된 동기

예 뉴스에서 초등학생들도 주식 투자를 많이 한다는 기사를 보고, 경제와 관련된 책을 읽어 보고 싶어서 찾아보게 되었다. '열두 살에 부자가 되는 키라'라는 제목이 매력적으로 다가왔다.

책 줄거리

예 키라는 집 앞에 쓰러져 있는 개를 발견하고 키우기로 한다. 그 개의 이름을 '머니'라고 지었는데, 머니는 키라가 열두 살이 되었을 때 키라에게 성공 일기 적기를 비롯하여 머니는 스스로 돈도 벌고, 저축하기, 주식 투자하는 법 등 다양한 것을 알려 준다. 키라는 돈을 모아야 하는 이유에 대한 머니의 설명을 듣고, 처음으로 저금을 한다.

생각, 느낌

예 지금까지 나는 내가 하고 싶은 일보다는 돈을 잘 버는 직업을 가져야겠다고 막연히 생각했다. 돈을 많이 벌어 부자가 되면 행복할 것이라고 생각했는데, 돈을 많이 벌어도 내가 좋아하지 않는 일을 한다면 행복하지 않을 것이라는 걸 깨달았다.

글로 써 보기 정리한 내용을 바탕으로 주인공에 대한 생각을 중심으로 독후감을 써 보세요.

예 『열두 살에 부자가 된 키라』를 읽고

평소 용돈을 받아서 나는 나는 돈이나 경제에 대해서 큰 관심이 없었다. 그런데 최근 뉴스에서 초등학생들도 주식 투자를 한다는 기사를 보고, 나도 돈과 경제에 대해 조금이라도 관심을 가져야겠다고 생각했고, 그래서 이 책을 찾아보게 되었다. '열두 살에 부자가 된다'라는 제목이 매력적으로 다가왔다. 이 책을 다 읽고 나면 나도 키라처럼 부자가 될 수 있을까 생각하며 책을 읽었다.

키라는 어느 날 집 앞에 쓰러져 있는 개를 발견했다. 그 개의 이름을 '머니'라고 지어 주고 키우기로 결심했다. 원래 주인이 부자였던 개 머니는 키라가 열두 살이 되었을때, 키라에게 경제에 대해 알려 주기로 했다. 키라는 돈을 모아야 하는 이유에 대한 머니의 설명을 듣고, 처음으로 저금을 했다. 성공 일기 적기를 비롯하여 스스로의 힘으로 돈 버는 법, 저축하기, 주식 투자하는 법 등 머니는 키라에게 다양한 것을 알려 주었다. 키라는 머니의 도움을 받아 일을 시작하여 돈을 벌었고, 투자와 저축을 하며 부자가 되었다. 키라의 이야기를 통해 나도 경제에 관심을 갖고 지금부터 내 용돈을 관리하는 것부터 실천해야겠다고 다짐했다. 키라가 한 일 중에서 성공 일기 적기와 저축하는 것을 나도 해 봐야겠다고 생각했다.

키라와 머니를 통해 어렵게만 생각했던 경제가 나의 생활과 동떨어진 것이 아니라는 것을 알았다. 내 꿈과 경제가 깊은 관련이 있고, 꿈을 이루기 위해 어떤 준비를 해야 하는지도 배웠다. 키라처럼 미래에 내가 좋아하는 일을 성공적으로 적기와 저축하는 것을 나도 실천해야겠다고 생각했다.

나는 이 책을 읽으면서 내가 무엇인지, 또 내가 어떤 일을 좋아하는지 알게 되었다. 이 책을 통해 나는 어떤 일을 좋아하고, 어떤 일을 하면서 돈을 벌면 행복할지 생각해 볼 수 있었다.

책을 읽고, 주인공의 말과 행동에 대한 생각을 써 보세요.

서평은 책의 특징을 소개하거나 가치를 평가하는 글이에요. 서평에는 등장인물이나 줄거리, 책을 쓴 작가에 대해 소개하는 내용이나 책을 읽은 소감, 책의 내용, 가치에 대한 평가가 들어갈 수 있어요.

글로 써 봐요

정리한 내용을 바탕으로 서평을 써 봅니다.

부모님을 선택할 수 있다면

내용, 특징
이 책은 주관이 생기는 청소년기에 내 손으로 부모를 선택한다는 작가의 기발한 아이디어로 만들어진 책이다. '페인트'는 부모 면접을 뜻하는 'Parent's interview'를 줄여서 부르는 말이다. 미래에 아이를 낳기 싫어하는 사람들이 늘어나면 부모 대신 아이들을 20살까지 기르고 교육하는 기관인 NC센터라는 곳이 생기는데, 아이들은 이곳에서 자라다가 13살이 되면 같이 살고 싶은 부모님을 선택해 입양을 갈 수 있다. 제누는 NC센터에서 가장 똑똑하고 신중한 아이다. 제누는 13살 때부터 부모를 찾고 있지만, 17살이 된 지금까지도 가족이 되고 싶은 부모를 만나지 못했다. 스무살이 될 때까지 부모를 선택하지 못하면 센터를 떠나야 하는 제누가 과연 마음에 드는 부모를 만날 수 있을까?

생각, 느낌
제누가 부모님을 찾는 과정에서 나는 어떤 부모가 좋은 것일까, 또 자식은 부모에게 어떤 의미일까를 생각하게 되었다. 만약 나에게 제누와 같이 부모님을 선택할 수 있는 기회가 있다면 어떤 기준으로 어떻게 선택하게 될지 고민이 되기도 했다. 책에서 "온전한 자기 자신을 찾는다는 건 그게 누구든, 오랜 시간이 필요할 것이다. 내가 나를 이루는 요소라고 믿는 것들이 정작 외부에서 온 것일 수도 있으니까."라는 구절이 마음에 깊이 박혔다. 온전한 자기 자신을 찾는 일이 왜 중요한지 생각하게 되었다.

평가, 작가 소개
작가는 아동 학대에 대한 뉴스를 보고, 아이들이 스스로 부모를 찾는다면 이런 일이 생기지 않을까를 생각하고 이 책을 쓰게 되었다고 한다. 아이가 부모를 선택한다는 내용을 통해 어떤 부모가 좋은 부모일까, 행복한 가족은 어떤 모습일까를 생각해 보게 하는 책이다. 청소년을 위한 책이지만, 부모인 어른들도 함께 읽고 이야기를 나누면 좋을 책이다.

독후감은 책을 읽고 난 뒤의 생각 등을 자유롭게 쓴 글이지만 서평은 다른 사람들이 책을 선택하는 데 도움을 주기 위한 목적으로 쓰는 글이야.

어떻게 쓸까요

서평 쓰기

생각을 모아요

읽은 책의 내용을 생각나는 대로 정리해 봅니다.

페인트

책의 내용이나 특징
- NC센터에 자란 아이가 부모 면접을 통해 부모를 선택하여 입양을 갈 수 있다.
- 제누는 4년간 페인트를 하고도 부모를 선택하지 못해 센터에 남기로 한다.

책에 대한 평가, 작가 소개
- 부모님과 자녀가 함께 읽어 보면 좋은 책
- 좋은 부모가 무엇인지 생각해 보게 하는 책

가장 인상 깊었던 장면이나 내용
- 온전한 자기 자신을 찾는 것은 오랜 시간
- 이 필요하다는 말

생각, 느낌
- 온전한 자기 자신을 찾는 일이 왜 중요할까?
- 진짜 어른은 어떤 모습이어야 할까?
- 제누를 응원하고 싶다.

내가 읽은 책 중에서 서평을 써서 소개하고 싶은 책을 골라 봐.

내용 정리하기

서평에 들어갈 내용을 정리해 봅니다.

제목
부모님을 선택할 수 있다면

책의 내용이나 특징
'페인트'는 'Parent's interview'의 줄임말이다. 국가에서 설립한 NC센터에서는 입양을 원해 찾아오는 사람들에게 가족을 만들어 주는 일을 한다. 부모가 되기 위해서는 서류 심사, 건강 검진, 심리 검사를 받고 마지막으로 아이들이 부모를 면접하는 '페인트' 단계를 통과해야 한다.

생각, 느낌
'부모를 선택한다'는 신기한 발상에서 시작된 책이다. 나도 부모님을 선택할 수 있다면 어떨까? 17살인 제누는 13살 때부터 4년간 부모 면접을 봤지만, 결국 부모를 선택하지 못하고 NC센터에 남기로 한다. 제누의 고민 속에서 가족이 되어 한 계 살아간다는 것이 결코 쉽지 않은 일이라는 생각을 했다. 제누가 센터에 쓸쓸히 남게 된 결정한 내용을 보면서 쓸쓸한 마음이 들었다. 한편 바깥 세상에 나갈 준비를 하는 제누를 응원하고 싶어졌다.

책에 대한 평가, 자가 소개
참신한 소재와 작가의 상상력으로 쓰여진 책이다. 아이가 부모를 선택한다는 것을 통해 어떤 부모가 좋은 부모일까, 행복한 가족은 어떤 모습일까를 생각해 보게 하는 책이다. 청소년을 위한 책이지만, 부모인 어른들도 함께 읽고 이야기를 나누면 좋은 책이다.

요약하며 읽기

생각 모으기 읽은 책의 내용을 생각나는 대로 정리해 보세요.

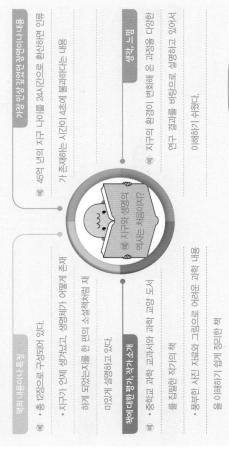

책의 내용이나 특징
예
- 총 12장으로 구성되어 있다.
- 지구가 언제 생겼고, 생명체가 어떻게 존재
- 하게 되었는지를 한 편의 소설책처럼 재
- 미있게 설명하고 있다.

가장 인상 깊었던 장이나 내용
예 45억 년의 지구 나이를 24시간으로 환산하면 인류
가 존재하는 시간은 시간은 겨우 4초에 불과하다는 내용

책에 대한 평가, 작가 소개
예
- 중학교 과학 교과서와 과학 교양 도서
- 를 집필한 작가의 책
- 부분 부분 사진 자료와 그림으로 어려운 과학 내용
- 을 이해하기 쉽게 정리한 책

생각, 느낌
예
- 지구의 환경이 변화해 온 과정을 다양한
- 연구 결과를 바탕으로 설명하고 있어서
- 이해하기 쉬웠다.

내용 정리하기 서평에 들어갈 내용을 정리해 보세요.

내가 읽은 책 중에서 서평을 쓰고
싶은 책을 골라 써 봐!

제목
예 지구의 기원부터 현재까지

책의 내용이나 특징
예
- 지구 탄생에서 인류의 등장까지 총 12개의 장으로 이루어져 있
- 고 다양한 그림과 사진을 함께 보여 주며 어려운 내용을
- 이해하기 쉽게 설명하고 있다.

생각, 느낌
예
- 이 책을 읽고, 초기의 지구는 지금의 모습과
- 많이 다르고, 대륙이 이동하면서 생물들에게 생물들에게 생
- 새로운 터전을 만들어 줬다는 점 등을 새롭게
- 알게 되었다. 지구의 역사를 24시간으로 계산
- 하면 인간의 역사는 겨우 4초에 불과하다는
- 내용을 읽고, 인류가 지구의 주인이 것처럼
- 생각하는 것이 부끄럽기까지 했다.

책에 대한 평가, 작가 소개
예
- 지구의 역사라는 얼마 동안도 어렵고 재미없다는 생각이 먼저
- 들기 마련이다. 이 책은 물리학과 교수로 오랜 시간 학생들을 가
- 르쳐 온 작가가 학생들에게 어렵게 생각하는 지구 과학을 좀 더 친
- 근하게 느낄 수 있도록 어려운 내용을 이야기하듯이 쉽게 풀어
- 쓴 책이다.

글로 써 보기 정리한 내용을 바탕으로 서평을 써 보세요.

예 지구의 기원부터 현재까지

어렵지만 느끼던 지구 과학을 좀 더 쉽게 이해할 수 있는 방법은 없을까? 하는 생각에 집어들게 된 책이다. 딱딱한 과학 서적 같지 않은 책 제목에 이끌렸다. '교과서 밖으로 꼭 어려운 건 아니야' 시리즈의 3번째 책 「지구와 생명의 역사는 처음이지?」이다. 광활하고 어려운 내용을 어떻게 쉽게 설명했을 지 궁금했다.

이 책은 총 12장으로 구성되어 있다. 지구의 탄생에서부터 인류가 등장하기까지의 내용을 다양한 그림과 사진을 함께 보여 주며 이야기하듯이 설명하고 있다. 45억 년의 지구 나이를 24시간으로 환산하면 인류가 존재하는 시간은 겨우 4초에 불과하다는 내용이 흥미로웠다. 인류의 역사가 이렇게 짧았는지, 인류는 어떻게 나타나 발전해 왔는지 등도 알 수 있었다. 우주와 태양계의 탄생, 지구의 탄생, 지구상 생명의 탄생, 인간의 등장에 이르기까지 어려울 수 있는 내용을 한 편의 소설책을 읽듯이 쉽게 읽을 수 있었다.

작가인 쾌영지 교수는 물리학과 교수로 오랜 시간 학생들을 가르쳐 온 분으로, 어린이와 청소년, 성인에 이르기까지 다양한 독자들을 대상으로 과학과 관련된 책을 써 왔다. 그래서인지 이 책에서도 학생들이 '도대체 이렇게?', '왜?'라고 생각할 만한 질문들에 대해 많은 하나하나 어렵고 복잡한, 다양한 한 하생들이 쉽게 이해할만 생각하고, 우리의 삶과 동떨어진 것이 아니라고 생각하는 친구들에게 읽으면 좋은 책이다.

독후감인 책을 읽고 난 후의 생각
자유롭게 쓴 글이지만, 서평은 다른 사람들이 책을
선택하는 데 도움을 주기 위한 목적으로

5회 책을 추천하는 글을 편지 형식으로 쓰기

어떻게 쓸까요

자신이 읽은 책을 추천하는 글을 편지를 쓰는 것처럼 쓸 수 있어요. 편지의 형식으로 쓰지만, 책의 특징과 내용, 책을 추천하는 이유가 분명하게 드러나야 해요.

생각 모으기 읽은 책의 내용을 생각나는 대로 정리해 봅니다.

책의 특징
• 우리에게 친숙한 영화 속 소재를 통해 빅데이터에 대해 설명해 주는 책

책의 내용
• 빅데이터가 무엇인지, 빅데이터가 우리 삶의 문제를 어떻게 해결해 주는지를 설명한다.
• 빅데이터를 보는 눈을 키우는 방법과 빅데이터에 담긴 오류에 대해 이해할 수 있도록 설명한다.

책을 추천하고 싶은 사람
• 내 친구 지영이

책을 추천하는 이유
• 우리가 살아갈 미래 사회에서 빅데이터가 우리 삶을 어떻게 해결해 주므로
• 우리 생활 속에서 빅데이터가 어떻게 활용되고 있는지를 잘 이해할 수 있기 때문에

내용 정리하기 책을 추천하는 글에 들어갈 내용을 정리해 봅니다.

책을 추천하고 싶은 사람
내 친구 지영이

책을 추천하는 이유
영화를 좋아하는 지영이가 이 책을 읽는다면 영화 속 숨겨진 빅데이터에 대해 쉽게 이해하고 우리가 살아갈 미래 사회에서 빅데이터가 왜 중요한지를 알 수 있을 것이라고 생각해서 빅데이터를 추천하고 싶다.

책의 특징, 내용
우리에게 친숙한 영화 속 소재를 통해 빅데이터에 대해 설명해 주는 책이다. 빅데이터가 무엇인지, 빅데이터가 우리 삶의 문제를 어떻게 해결해 줄 수 있는지를 설명하고 있다. 그리고 이름 통해 우리가 살아갈 미래 사회에서 빅데이터를 읽는 눈을 키우고 빅데이터에 담긴 오류를 판단할 수 있는 힘을 기를 수 있도록 해 주고 있다.

> 책을 추천하는 이유가 잘 드러나게 써 봐.

글로 써 보기 정리한 내용을 바탕으로 책을 추천하는 글을 편지 형식으로 써 봅니다.

지영이에게

받는 사람 지영아, 안녕? 잘 지냈어?

첫인사

전하고 싶은 말 얼마 전 어떤 책을 읽으면서 내가 떠올라서 편지를 써. 영화를 좋아하는 네가 읽으면 정말 좋아할 책이 어떤 책을 읽으면서 책을 추천하는 편지를 쓰는 거야.

내가 너에게 추천하고 싶은 책은 『심 데를 위한 영화 속 빅데이터 인문학』이라는 책이야. 제목을 보고 어려울 것 같다고 생각할지 모르지만, 이 책에는 내가 좋아하는 영화 이야기가 한가득 들어가 있어. 영화 속에서 빅데이터가 어떻게 활용되었는지, 빅데이터가 우리 삶과 어떤 관계가 있는지에 대해 설명해 주는 책이야.

나도 '빅데이터'에 대해 들어 본 적은 있지만, 정확히 무엇인지, 왜 우리가 알아야 하는지 잘 몰랐어. 그런데 이 책을 읽고 앞으로 우리가 살아갈 시대에는 빅데이터에 대해서 무엇을 유의해야 하는지를 알 수 있었어.

빅데이터를 알고 나니, 빅데이터를 읽는 능력이 필요한 이유와 그러한 능력을 기르기 위해 우리는 어떤 공부를 해야 하는지도 생각해 보게 되었어.

나도 꼭 한번 읽어 보고 싶다는 생각이 들지 않니?

이 책을 읽고 나와 함께 이야기를 나누어 보고 싶어. 꼭 읽어 봐. 그럼 안녕.

끝인사

쓴 날짜 20○○년 5월 15일

쓴 사람 은서가

> 편지는 편지를 받는 사람, 첫인사, 전하고 싶은 말, 끝인사, 쓴 날짜, 쓴 사람이 들어가야 해. 전하고 싶은 말에서 책을 추천하는 이유를 책의 내용과 함께 쓰면 돼.

글로 써 보기 정리한 내용을 바탕으로 책을 추천하는 글을 편지 형식으로 써 보세요.

(예) 선호에게

안녕, 선호야? 나 윤진이야. 얼마 전 내가 읽은 책을 너에게 추천해 주고 싶어서 편지를 써.

내가 읽은 책은 『누가 내 이름을 이렇게 지었어?』라는 책인데, 지금까지 우리가 우리가 볼 수 있었던 동식물 관련 책과는 다르게 살아 있는 이야기를 들려주기 때문에 읽는 내내 동식물과 자연을 좋아하는 네가 생각났어.

이 책은 멕시코의 생물학자인 오스카르 이란다가 쓴 책이야. 다른 해설처럼 딱딱하게 설명하는 책이 아니라, 작가가 자연에서 모험을 하면서 직접 본 동물이나 식물을 새로운 시선에서 보고 설명해 주는 자연 에세이 책이야. 내용을 보면, 동물과 식물이 함께 살아가기 위해 서로 24시간 무척 정을 해 준다는 것, 송충이가 자연에서 아주 중요한 일을 한다는 것도 알려 주고 있어. 바다 거북 보호 캠페인에 참여해서 다친 바다거북의 이미를 구해 무사히 세계를 출산할 수 있게 도와줬던 일 등에 대한 이야기도 있어.

나는 이 책을 읽으면서 그동안 내가 동식물에 대해 표면적으로만 알고 있었다는 생각이 들었어. 작가와 함께 직접 동물과 식물이 세계로 모험을 떠난 느낌이었어. 태평양 바다, 메시코 정글, 스페인의 숲, 우리가 쉽게 가 볼 수 없는 곳에서 일어나는 동식물의 이야기. 정말 궁금하지 않니?

『누가 내 이름을 이렇게 지었어?』라는 책, 너도 꼭 읽어 봐! 그럼 안녕.

200○년 8월 12일

윤진이가

편지는 편지를 받는 사람, 첫인사, 전하고 싶은 말, 끝인사, 쓴 날짜, 쓴 사람이 들어가야 해. 전하고 싶은 말에서 책을 추천하는 이유를 책의 내용과 함께 쓰이면 돼.

이해 쓰기

생각 모으기 읽은 책의 내용을 생각나는 대로 정리해 보세요.

책의 특징

(예) ·좀벌레부터 범고래까지 야생의 다양한 동식물을 관찰하고 쓴 자연 에세이
·멕시코의 생물학자인 오스카르 이란다가 바다거북 보호 활동기로 활동하면서 우리 주변의 동식물들에 대해 새로운 시각으로 설명해 주는 책

책의 내용

(예) ·작가가 모험하며 마주했던 야생 동식물에 대한 일화가 중심이 되는 내용이다.

(예) 누가 내 이름을 이렇게 지었어?

책을 추천하고 싶은 사람

(예) 우리 반 친구 선호에게

책을 추천하는 이유

(예) ·동식물을 좋아하고 동식물에 관심이 많은 선호가 읽으면 좋아할 것 같아서
·지금까지 우리가 볼 수 있었던 동식물 관련 책과는 다르게 살아 있는 이야기를 들려주기 때문에

내용 정리하기 책을 추천하는 글에 들어갈 내용을 정리해 보세요.

책을 추천하고 싶은 사람

(예) 우리 반 친구 선호

책을 추천하는 이유

(예) ·동식물을 좋아하고 동식물에 관심이 많은 선호가 읽으면 좋아할 것 같고, 지금까지 우리가 볼 수 있었던 동식물 관련 책과는 다르게 살아 있는 이야기를 들려주기 때문이다.

책의 특징, 내용

(예) ·좀벌레부터 범고래까지 야생의 다양한 동식물을 관찰하고 쓴 자연 에세이, 멕시코의 생물학자인 오스카르 이란다가 쓴 책이다. 작가는 바다거북 보호 활동 등을 하면서 경험한 내용을 토대로 우리 주변의 동식물들에 대해 새로운 시각으로 설명해 주고 있다.

책을 추천하는 이유가 잘 드러나게 써 봐.

참 잘했어요

빈자리에 들어갈 블록에 ○표 하고, 블록에 맞는 색을 칠해 보세요.

힌트: 독후감, 서평 쓰기에 대한 설명이 알맞은 블록의 모양을 찾으면 됩니다.

블록 맞추기

- 독후감은 책을 읽고 난 후의 생각 등을 자유롭게 쓴 글이다.
- 독후감은 줄거리만 분석하여 써야 한다.
- 서평은 다른 사람들이 책을 선택하는 데 도움을 줄 수 있다.
- 독후감은 반드시 정해진 형식대로 써야 한다.
- 독후감은 책을 읽고 난 후 생각이나 느낌을 정리한 글이다.

해설 | '노란색, 파란색, 초록색' 퍼즐 조각을 끼워 넣어야 합니다.

아하! 알았어요

1 독후감의 내용으로 알맞은 것을 보기 에서 찾아 쓰세요.

보기
- 책을 읽게 된 동기
- 책을 읽고 난 후의 생각이나 느낌
- 책의 줄거리

(1) 고흐네는 만화 그리기를 좋아하는 조용한 아이였다. 아버지를 기쁘게 해 드리기 위해 공부을 공부하고, 좋은 직장에서 일했지만 만화가에 대한 꿈을 포기하지 않았다.
(책의 줄거리)

(2) 나도 루브 골드버그처럼 창의성과 상상력을 가진 사람이 되고 싶다.
(책을 읽고 난 후의 생각이나 느낌)

(3) 루브 골드버그 장치에 대해서 처음 알게 되었고, 그 장치를 생각해 내 루브 골드버그에 대해서 궁금해져 책을 찾아보게 되었다.
(책을 읽게 된 동기)

해설 | 독후감을 쓸 때는 먼저 책을 왜 읽게 되었는지 책을 읽게 된 동기를 쓰고, 책의 중요 줄거리를 씁니다. 마지막으로 책을 읽고 난 후의 생각이나 느낌을 써서 마무리합니다.

2 독후감을 쓰면 좋은 점에 모두 ○표 하세요.

(1) 책의 내용을 오래 기억할 수 있습니다. (○)
(2) 작가가 책을 쓴 장소가 어디인지 알 수 있습니다. ( )
(3) 책을 읽고 난 후의 생각이나 느낌을 다른 사람들과 공유할 수 있습니다. (○)

해설 | 책을 읽고 난 후 독후감을 쓸 때 작가가 책을 쓴 장소가 어디인지를 쓸 필요는 없습니다.

3 다음은 어떤 글에 대한 설명인지 알맞은 것에 ○표 하세요.

책에 대해 평가하는 글입니다. 책의 특징을 소개하거나, 책을 읽은 소감, 책의 내용이나 가치에 대한 평가 등을 씁니다.

독후감	서평	편지
( )	(○)	( )

해설 | 서평은 책에 대해 평가하는 글입니다. 따라서 책을 선택하려는 사람이 서평을 읽어 보면 책을 선택하는 데 도움이 됩니다.